www.ingramcontent.com/pod-product-compliance
Ingram Content Group UK Ltd.
Pitfield, Milton Keynes, MK11 3LW, UK
UKHW061656190726
13853UKWH00008B/2236

الإجمـــاع

عند أئمة أهل السنة الأربعة

(أحمد بن حنبل ـ أبي حنيفة ـ مالك ـ الشافعي)

دراسة

للمسائل التي أجمع عليها الأئمة الأربعة في كافة أبواب الفقه

وهي مستخلصة من مخطوطة اختلاف الأئمة الأربعة

للوزير (يحيى بن محمد بن هبيرة)

المتوفى في سنة ٥٦٠هـ

مع تمهيد لكل موضوع وتخريج للأحاديث المستشهد بها

المستشار الدكتور

محمد محمد شتا أبو سعد

الأستاذ بالمعهد العالي للقضاء بالرياض

رئيس محكمة الاستئناف (بمحكمة استئناف القاهرة)

وأستاذ سابق بجامعات القاهرة والأزهر

ووهران وأم درمان والملك سعود

مكتبة العبيكان

ح مكتبة العبيكان، ١٤٢٣هـ

فهرسة مكتبة الملك فهد الوطنية أثناء النشر

أبو سعد، محمد محمد شتا

الإجماع عند أئمة أهل السنة الأربعة. ـ الرياض.

٢١٤ص، ١٧×٢٤سم

ردمك: ٠-١٧٩-٤٠-٩٩٦٠

١ـ الفقه الإسلامي ـ مذاهب أ ـ العنوان

ديوي ٢٥٨ ٢٣٠٩ / ٢٣

ردمك: ٠-١٧٩-٤٠-٩٩٦٠ رقم الإيداع: ٢٣/٢٣٠٩

الطبعة الأولى

١٤٢٣هـ /٢٠٠٣م

الناشر

مكتبة العبيكان

الرياض ـ العليا ـ تقاطع طريق الملك فهد مع العروبة.

ص.ب: ٦٢٨٠٧ الرياض ١١٥٩٥

هاتف: ٤٦٥٤٤٢٤، فاكس: ٤٦٥٠١٢٩

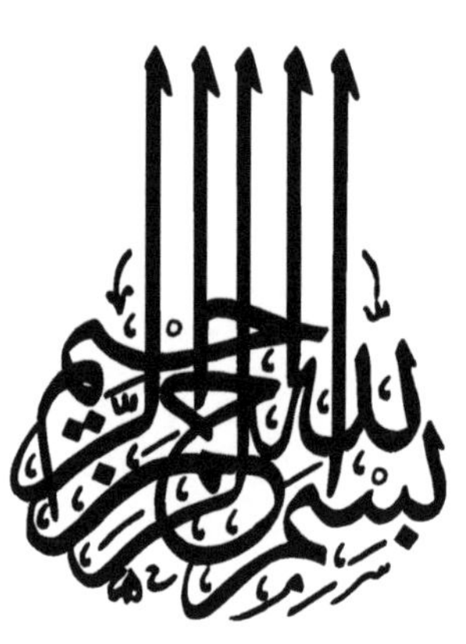
بسم الله الرحمن الرحيم

بسم الله الرحمن الرحيم

الحمد لله وحده، والصلاة والسلام على من لا نبي بعده وبعد:

فلا يوجد بين أيدي أهل العلم سوى كتابين عن الإجماع أحدهما لابن حزم والآخر لابن المنذر، ولما كنت قد طالعت مخطوطة: اختلاف الأئمة الأربعة رضي الله عنهم للوزير «ابن هبيرة» وهي المشابهة لمخطوطة الإفصاح عن معاني الصحاح فيما عدا الصفحات الخمس الأولى، فقد آليت أن أقدم ما ورد فيها من أمور أجمع عليها الأئمة الأربعة وأمور اتفقوا عليها، خدمة للعقيدة الإسلامية وعودة بالناس إلى رحاب دراسة أمهات المسائل الفقهية، ونأياً بهم عن التفرق حول الجزئيات الفرعية، على نحو توصد معه الباب أمام الهجمة الاستشراقية المعادية للإسلام، وآمل أن ينال هذا الكتاب بالغ الأهمية هو ومختصر كتاب الأحكام السلطانية الذي ترجمته للفرنسية، معززين بمختصر كتاب الرد على المنطقيين وكتب أخرى، جائزة الدولة التشجيعية في الشريعة الإسلامية، كفاء ما بذلت فيها من جهد طيلة عشر سنوات حتى رأت النور.

وقد تلخص عملي في الآتي:

١ـ مطابقة المخطوطة محل البحث على مخطوطة الإفصاح، ولما وجدت التطابق بينهما شبه تام رغم اختلاف العنوان فقد آليت عدم الإشارة إلى ذلك إلا عند الاقتضاء، واكتفيت بتقديم صورة للصفحات الخمس الأولى المغايرة نسبياً لما ورد في الصفحات الخمس الأولى من الإفصاح.

٢ـ الإشارة إلى بعض أوجه الاتفاق مع ما ورد من أمثلة أخرى للإجماع لدى ابن المنذر.

٣ـ تخريج كافة الأحاديث الواردة في الموضوع.

٤ـ كتابة مقدمة تمهيدية لكل موضوع.

٥- الاستعانة بطبعة المؤسسة السعيدية بالرياض اعتباراً من الصفحة المائة من هذا الكتاب في استخلاص ما انعقد عليه الإجماع والاتفاق.

وإذا كان الوزير «ابن هبيرة» قد توفي عام ٥٦٠ هـ عن مخطوطات عديدة فإن هذه المخطوطة الموجودة بالمكتبة الأحمدية بمصر ترجع إلى سنة ٨٨٥هـ.

والله أسأل أن يجعل هذا العمل نافعاً لطلاب الشريعة وأهل العلم وأرباب الدراسات الفقهية المقارنة، داعياً للإسلام بالخير والانتشار، وللمسلمين بالتقدم والازدهار، ولشباب الإسلام بنبذ كل عنف أو تطرف، فالإسلام دين السلام الذي يحض على ولوج ميدان البحث العلمي الرصين الذي يساعد على التهيئة العملية والعلمية لساعة تطبيق الشريعة الإسلامية المطبقة فعلاً في مصر في غير مجال الحدود والقصاص وبعض النصوص المدنية والتجارية، وآخر دعوانا أن الحمد لله رب العالمين.

القاهرة في ١/١١/ ١٩٩٣م.

محمد شتا أبو سعد

رئيس محكمة الاستئناف

كتاب الطهارة

توجد بداية هذا الكتاب في الورقة الخامسة من المخطوطة المشار إليها. وأعرض لكل موضوع بتمهيد ثم المسائل المجمع عليها والمتفق بشأنها:

أولاً: تمهيد لموضوع الطهارة:

الطهارة واجبة على المسلم بنص الكتاب والسنة. قال تعالى: ﴿**وَإِن كُنتُمْ جُنُبًا فَاطَّهَّرُوا**﴾ [المائدة: ٦] وقال سبحانه: ﴿**وَثِيَابَكَ فَطَهِّرْ**﴾ [المدثر: ٤] وقال جل شأنه: ﴿**إِنَّ اللَّهَ يُحِبُّ التَّوَّابِينَ وَيُحِبُّ الْمُتَطَهِّرِينَ**﴾ [البقرة: ٢٢٢] وقال ﷺ فيما رواه مسلم: «**لا تقبل صلاة بغير طهور**» و«**الطهور شطر الإيمان**».

ثانياً: المجمع عليه والمتفق عليه كما أورده ابن هبيرة:

أجمعوا: على أن الصلاة لا تصح إلا بطهارة إذا وجد السبيل[1] إليها لقوله تعالى: ﴿**يَا أَيُّهَا الَّذِينَ آمَنُوا إِذَا قُمْتُمْ إِلَى الصَّلَاةِ فَاغْسِلُوا وُجُوهَكُمْ**﴾ [المائدة: ٦].

---

(١) يقول ابن المنذر في كتابه الإجماع ص ٣١: أجمع أهل العلم على أن الصلاة لا تجزئ إلا بطهارة إذا وجد المرء إليها السبيل. وانظر له الأوسط ١ :٣أ.

* وقد توسع ابن المنذر، فأضاف ص ٣١: «وأجمعوا على أن خروج الغائط من الدبر وخروج البول من الذكر، وكذلك المرأة، وخروج المني (وفي الأوسط: المذي) وخروج الريح من الدبر وزوال العقل بأي وجه زال العقل، أحداث ينقض كل واحد منها الطهارة ويجب الوضوء. وانظر الإقناع ٢أ، والأوسط: ١ :٣ب والمغني ١ :١٦٠. وأضاف ابن المنذر أيضاً: وأجمعوا على أن دم الاستحاضة ينقض الطهارة، وانفرد ربيعة (الرأي توفي ١٣٦هـ) وقال:
* لا ينقض الطهارة (الأوسط ١ :٧أ - والإقناع ٢أ - والمغني ١: ١٦٠).
* وأجمعوا على أن الملامسة حدث ينقض الطهارة (الأوسط: ١ : ٤أ، الإقناع ٢أ).
* وأجمعوا على أن الضحك في غير الصلاة لا ينقض طهارة، ولا يوجب وضوءاً (الأوسط ١ : ١٧ب).
* وأجمعوا على أن الضحك في الصلاة ينقض الصلاة (الأوسط ١ :١٧ب وعكس ذلك في الإقناع ١٠).

قال أهل اللغة: الطهور هو العامل للطهارة في غيره، كما يقال: قتول.

وقال ثعلب: الطهور الطاهر في نفسه المطهر لغيره، وهذا مما لم يخالف فيه إلا بعض أصحاب أبي حنيفة، فقالوا: الطهور هو الطاهر، على سبيل المبالغة.

وأجمعوا: على أن الطهارة تجب بالماء على كل من لزمته الصلاة مع وجوده، فإن عدم فبدله، لقوله تعالى: ﴿**فَلَمْ تَجِدُوا مَاءً فَتَيَمَّمُوا صَعِيدًا طَيِّبًا**﴾ [النساء: ٤٣].

ولقوله تعالى: ﴿**يُنَزِّلُ عَلَيْكُم مِّنَ السَّمَاءِ مَاءً لِّيُطَهِّرَكُم بِهِ**﴾ [الأنفال: ١١].

قال أهل اللغة: الطهارة التنزه عن الأدناس والأقذار.

وأجمعوا: على أنه إذا تغير الماء عن أصل الخلقة بطاهر، يغلب على أجزائه مما يستغنى عنه الماء غالباً لم يجز الوضوء به، إلا أبا حنيفة، فإنه جوز الوضوء بالماء المتغير بالزعفران ونحوه[١].

وأجمعوا: على أنه إذا تغير الماء بالنجاسة نجس: قلَّ أو كثر.

وأجمعوا: على أنه لا يجوز التوضؤ بالنبيذ على الإطلاق، إلا أبا حنيفة[٢].

فإن الرواية اختلفت عنه؛ فروي عنه: أنه لا يجوز ذلك كالجماعة، وهي اختيار أبي يوسف. وروي عنه أنه يجوز الوضوء بنبيذ التمر المطبوخ في السفر، عند عدم الماء، وروي عنه أنه يجوز الوضوء به ويضيف إليه التيمم، وهي اختيار محمد بن الحسن رحمه الله.

---

(١) يقول ابن المنذر ص ٣٢:

* وأجمعوا على أن الوضوء لا يجوز: بماء الورد، وماء الشجر، وماء العصفر، ولا تجوز الطهارة إلا بماء مطلق، يقع عليه رسم الماء (الأوسط: ٢١) و(الإقناع ٣ب، والمغني ١:١١).

وأجمعوا على أن الوضوء بالماء جائز (المصادر السابقة نفسها).

(٢) ولكن يقول ابن المنذر ص ٣٢:

* وأجمعوا على أنه لا يجوز الاغتسال ولا الوضوء بشيء من هذه الأشربة سوى النبيذ (الأوسط ١:٢١).

باب إزالة النجاسة

أولاً: تمهيد عام للموضوع:

تزال النجاسة بشيئين، أو تكون الطهارة بأمرين:

١ـ الماء المطلق وهو الباقي على أصل خلقته دون أن يخالطه شيء ينفك عنه غالباً، لقوله تعالى: ﴿**وَأَنزَلْنَا مِنَ السَّمَاءِ مَاءً طَهُوراً**﴾[١] ولقوله ﷺ: «**الماء طهور إلا إن تغيّر ريحُه أو طعمه أو لونه بنجاسة تحدث فيه**»[٢].

٢ـ الصعيد الطاهر، من تراب أو رمل أو خلافه لقوله ﷺ: «**جعلت لي الأرض مسجداً وطهوراً**»[٣].

ثانياً: ما انعقد عليه الإجماع وما تمّ الاتفاق بشأنه:

أجمعوا: على أن الحدث لا يرفعه على الإطلاق إلا الماء[٤].

---

(١) الفرقان ٤٨.

(٢) رواه البيهقي، وهو ضعيف، ولكن له أصلاً صحيحًا، والعمل جار عليه عند عامة أهل العلم في الأمة الإسلامية.

(٣) رواه أحمد بن حنبل وأصله في الصحيح. وانظر مختصر صحيح مسلم، تحقيق الألباني رقم ١٦٥ وما بعده.

(٤) يقول ابن المنذر ص ٣٢-٣٣:

أجمعوا على أن الوضوء بالماء الآسن من غير نجاسة حلت فيه جائز، وانفرد ابن سيرين (المتوفى ٩ شوال سنة ١١٩ بالبصرة) فقال: لا يجوز ذلك. انظر الأوسط ١:٢٢أ، والمغني ١:١٣. وأضاف ابن المنذر (ص٣٣): وأجمعوا على أن الماء القليل والكثير إذا وقعت فيه نجاسة فغيرت للماء طعماً أو لوناً أو ريحًا: أنه نجس مادام كذلك (الأوسط ١:٢٢أ، والإقناع ٣ب، والمغني ١:٢٤). وأجمعوا على أن الماء الكثير من النيل والبحر ونحو ذلك إذا وقعت فيه نجاسة فلم تغير له لوناً ولا طعماً ولا ريحًا: أنه بحاله ويتطهر منه «المصدران السابقان والمجموع ١:٤٠) وأجمعوا على أن سؤر ما أكل لحمه طاهر، ويجوز شربه والوضوء به (الأوسط ١:٤٧أ).

باب الآنية

أولاً: تمهيد عام:

لا يجوز للرجل أو المرأة أن يتوضأ من إناء ذهبي أو فضي أو أن يستعمل أيًا منهما في المأكل والمشرب والطيب، فذلك حرام ويتنافى مع أصول شرع الله الحكيم الخبير.

ثانياً: ما انعقد عليه الإجماع وتم الاتفاق بشأنه:

اتفقوا: على أن استعمال أواني الذهب والفضة في المأكول والمشروب والطيب وغيره منهي عنه[١].

واتفقوا: على أن هذا التحريم في حق الرجال والنساء[٢].

وأجمعوا: على أنه إن خالف مكلف فتوضأ منها أثم، وصحت طهارته إلا «في إحدى الروايتين» عن أحمد: أنه لا تصح طهارة من تطهر منها، واختارها عبدالعزيز، والأخرى: يكره ذلك وتجزيه، وهي اختيار الخرقي.

واتفقوا: على أنّ اتخاذها حرام، إلا أن بعض الشافعية قال: لا يحرم إلا استعمالها فقط، وهو وجه لهم، وحكى ابن أبي موسى ذلك عن الشافعي، ثم قال: وعن أحمد نحوه.

---

(١) روى مسلم في باب النهي عن الشرب في آنية الذهب والفضة، عن عبدالله بن عكيم قال: كنا مع حذيفة رضي الله عنه بالمدائن فاستسقى حذيفة، فجاءه دهقان بشراب في إناء من فضة فرماه به، وقال: إني أخبركم أني قد أمرته أن لا يسقيني فيه فإن رسول الله ﷺ قال: «**لا تشربوا في إناء الذهب والفضة ولا تلبسوا الديباج والحرير فإنه لهم في الدنيا ولكم في الآخرة يوم القيامة**» وعن أم سلمة رضي الله عنها زوج النبي ﷺ، أن رسول الله ﷺ قال: «**الذي يشرب في آنية الفضة إنما يجرجر في بطنه نار جهنم**» وفي رواية «**إن الذي يأكل أو يشرب في آنية الفضة والذهب...**».

(٢) لأن تحلي النساء بالذهب استثناء من أصل التحريم، والاستثناء لا يقاس عليه ولا يتوسع في تفسيره. انظر كتابنا شرح قانون أصول الأحكام القضائية الإسلامي السوداني، مطبعة جامعة القاهرة ١٤٠٥هـ.

واتفقوا: على أن سؤر ما يؤكل لحمه من البهائم طاهر مطهر[١].

واتفقوا: على أن سؤر البغل والحمار طاهر طهور، إلا أبا حنيفة فإنه شك في كونه مطهراً، وروى ابن جرير عن مالك كراهية سؤرهما.

واتفقوا : على طهارة سؤر الهر وما دونه في الخلقة، إلا أبا حنيفة، فإنه كرهه[٢].

واتفقوا: على أنه إذا مات في الماء اليسير ما ليست له نفس سائلة كالذباب ونحوه، فإنه لا ينجسه إلا في أحد قولي الشافعي: إنه ينجسه.

واتفقوا: على أن روث ما يؤكل لحمه نجس، إلا أبا حنيفة فإنه يرى أن ذرق سباع الطير، كالباز والصقر والباشق ونحوه طاهر[٣].

---

(١) يقول ابن المنذر (ص ٣٣): وأجمعوا على أن سؤر ما أكل لحمه طاهر، ويجوز شربه والوضوء به.

(٢) وقد بينت السنة المطهرة كيف يطهر الإناء إذا وقع فيه الهر بحديث: «**طهور الإناء إذا ولغ فيه الهرة أن يغسل مرة أو مرتين**» وقد أخرج هذا الحديث، الترمذي من حديث أبي بكر، مرفوعًا، قال: «**يغسل الإناء إذا ولغ فيه الكلب سبع مرات وأولاهن أو أخراهن بالتراب، وإذا ولغت فيه الهرة غسل مرة**» وقد صححه الترمذي وقال: قد روي من غير وجه وليس فيه ذكر الهر، وأخرجه أبو داود، وبيَّن أنه في الهر موقوف، كما أخرجه الطحاوي في شرح الآثار وصححه، وأخرجه من وجه آخر موقوفًا، وأخرجه الدارقطني مرفوعًا وموقوفًا، وقد اعتمد الترمذي في تصحيح هذا الحديث على عدالة الرجال عنده ولم يلتفت لوقف من وقفه على ما جاء في نصب الراية.

(٣) ويقول ابن المنذر (ص ٣٣) وأجمعوا على أن سؤر ما أكل لحمه طاهر، ويجوز شربه والوضوء به وقد سبق، والروث جزء من المخلفات القذرة بطبيعتها، أما السؤر فهو باقي الشيء الخارجي بعد استعماله، كالماء المتبقي بعد شرب سباع الطير منه.

باب في الوضوء

أولاً: مقدمة تمهيدية:

الوضوء مشروع بالكتاب والسنة، ومن فضله محو الخطايا ورفع الدرجات. وفرائضه هي: النية الداخلية، وغسل الأعضاء المحددة[١]، مع الترتيب، والموالاة أو الفور.

وسنته: التسمية، وغسل الكفين ثلاثاً قبل إدخالهما في الإناء إذا استيقظ من نوم، والسواك، والمضمضة، والاستنشاق والاستنثار، وتخليل اللحية، والغسل ثلاثاً، ومسح الأذنين ظاهراً وباطناً، وتخليل الأصابع في اليدين والرجلين، والتيامن، وإطالة الغرة والتحجيل، وأن يبدأ في مسح الرأس بِمُقَدَّمِهِ، وأن يشهد بعد الوضوء الشهادتين ويدعو.

وله مكروهات[٢]، وكيفية محددة[٣] ونواقض معينة[٤] ويستحب الوضوء لصاحب السلس والمستحاضة ومن غسل ميتاً أو باشر حمله.

---

(١) وهي الوجه كله واليدين إلى المرفقين والرأس من الجبهة إلى القفا والرجلين إلى الكعبين.

(٢) وهي الإسراف في الماء والتوضؤ في المكان النجس، والزيادة على الثلاث، وترك سنة أو أكثر، والوضوء بفضل وضوء المرأة، فقد جاء في حديث الحكم الغفاري «**أن النبي ﷺ نهى أن يتوضأ الرجل بفضل المرأة**» رواه أبوداود وابن ماجة، ورواه الترمذي وزاد: أو قال: «**بسؤرهما**» وقال الترمذي: هذا حديث حسن صحيح، وصححه ابن حبان أيضاً، وقال الحافظ ابن حجر في الفتح: وأغرب النووي فقال: اتفق الحافظ على تضعيفه.

(٣) وضع الإناء على اليمين والتسمية وعدم ترك أي جزء دون غسله كالسنة.

(٤) الخارج من السبيلين والنوم الثقيل واستتار العقل بإغماء أو غيره ومس الذكر بباطن الكف والإصبع والردة وأكل لحم الجزور ومس المرأة بشهوة.

ثانياً: أوجه الإجماع[1] والاتفاق:

وأجمعوا: على جواز وضوء الرجل بفضل وضوء المرأة وإن حلت بالماء، إلا في إحدى الروايتين عن أحمد، فإنه منع من ذلك، واحتج له بحديث لم يرو في هذا الكتاب، وعنه «رواية أخرى» أنه قال: أكرهه[2].

وأجمعوا: على أن الجنب والحائض والمشرك إذا غمس كل واحد منهم يده في إناء فيه ماء قليل. فإن الماء باق على طهارته.

(١) يقول ابن المنذر (ص ٣٣، ٣٤): أجمعوا على أن لا إعادة على من بدأ بيساره قبل يمينه في الوضوء، وأجمعوا على أن كل من أكمل طهارته ثم لبس الخفين وأحدث أن له أن يمسح عليهما، وأجمعوا على أنه إذا توضأ إلا غسل إحدى رجليه فأدخل المغسولة الخف ثم غسل الأخرى وأدخلها الخف أنه طاهر.
وأجمعوا على أن المسافر إذا كان معه ماء وخشي العطش أن يبقي ماءه للشرب ويتيمم. وأجمعوا على أن التيمم بالتراب الغبار جائز. وأجمعوا على أن من تطهر بالماء قبل وقت الصلاة أن طهارته كاملة. وأجمعوا على أن من تيمم وصلى، ثم وجد الماء بعد خروج الوقت أن لا إعادة عليه. وأجمعوا على أن من تيمم كما أمر، ثم وجد الماء قبل دخوله في الصلاة، أن طهارته تنتقض، وعليه أن يعيد الطهارة، ويصلي. وأجمعوا على أن لمن تطهر بالماء أن يؤم المتيممين. وأجمعوا على أنه إذا تيمم للمكتوبة في أول الوقت فلم يصل، ثم سار إلى مكان فيه ماء، أن عليه أن يعيد التيمم لأنه حين وصل إلى الماء انتقضت طهارته. وأجمعوا على أن الرجل إذا رأى في منامه أنه احتلم أو جامع ولم يجد بللاً: أنه لا غسل عليه، وأجمعوا على إثبات نجاسة البول. وأجمعوا على أن عرق الجنب: طاهر، وكذلك الحائض.

(٢) نرى أن رأى الإمام أحمد يستند إلى حديث الحكم الغفاري سابق الإشارة.

باب في السواك والنية في رفع الحدث

أولاً: تمهيد عام للموضوع:

استعمال السواك أمر ضروري لكل مسلم، فهو من سنن الوضوء. قال ﷺ: «**لولا أن أشق على أمتي لأمرتهم بالسواك مع كل وضوء**»[١]، والنية فرض من فرائض الوضوء، وهي عزم القلب على فعل الوضوء امتثالاً لقوله ﷺ فيما رواه عمر بن الخطاب عن رسول الله ﷺ أنه قال: «**إنما الأعمال بالنيات ...**»[٢].

ثانياً: أوجه الإجماع والاتفاق:

اتفقوا: على استحباب السواك عند أوقات الصلوات، وعند تغير الفم[٣].

وأجمعوا: على وجوب النية في طهارة الحدث والغسل من الجنابة لقول النبي ﷺ: «**إنما الأعمال بالنيات**»[٤] إلا أبا حنيفة فإنه قال: لا تجب النية فيهما، ويصحان مع عدمها.

ومحل النية القلب، وكيفيتها: أن ينوي رفع الحدث أو استباحة الصلاة.

---

(١) رواه الإمام مالك، وقوله ﷺ: «على أمتي» ورد في حديث زهير، وجاء في الحديث رقم ٢٠٧٠ من مختصر صحيح مسلم بتحقيق الألباني: «**لو لا أن أشق على المؤمنين لأمرتهم بالسواك عند كل صلاة**».

(٢) من حديث متفق عليه، انظر بحثًا لنا بعنوان (المقاصد والنيات) بمجلة البحوث الفقهية المعاصرة س٢، وآخر بعنوان (نية الاتباع) بمجلة البحوث الإسلامية ع٣٦، وكتابنا (متبعون لا مبتدعون) (ج٧ من سلسلة مستقبل التشريع الإسلامي)، والحديث لم يخرجه مالك في الموطأ، وقد رواه الشيخان والنسائي عن مالك (التلخيص لابن حجر١ / ٥٥) وللحديث ألفاظ متعددة.

(٣) انظر الحديث المشار إليه في التمهيد.

(٤) رواه أبو حفص عمر بن الخطاب رضي الله عنه، وقد سبقت الإشارة إليه في الهامش السابق والتمهيد وهو متفق عليه وله ألفاظ متعددة، وقد أخرجه كل أصحاب الكتب المعتمدة عدا الإمام مالك رحمه الله فإنه لم يخرجه في الموطأ، وقد رواه الشيخان والنسائي عن مالك انظر التلخيص لابن حجر (١ / ٥٥).

وصفة الكمال[1]: أن ينطق بلسانه بما نواه في قلبه ليكون أوفى وطأ وأقوم قيلاً، إلا مالكاً فإن كره النطق باللسان فيما فرضه النية.

واتفقوا: على أنه لو اقتصر على النية بقلبه أجزأ، بخلاف ما لو نطق بلسانه دون أن ينوي بقلبه.

وأجمعوا: على أنه إذا نوى عند المضمضة واستخدام النية واستصحب حكمها إلى غسل أول جزء من الوجه صحت طهارته . .

واتفقوا: على استحباب التسمية لطهارة الحدث.

واتفقوا: على أن الترتيب والموالاة في الطهارة مشروع.

واتفقوا: على استحباب غسل اليدين عند القيام من نوم الليل.

وأجمعوا: على جواز وضوء الرجل بفضل المرأة وإن حلت بالماء إلا في إحدى الروايتين عن أحمد فإنه منع من ذلك، واحتج له بحديث لم يرو في هذا الكتاب، وعنه رواية أخرى أنه قال: أكرهه.

وأجمعوا: على أن الجنب والحائض والمشرك إذا غمس كل منهم يده في إناء فيه ماء قليل، فإن الماء باق على طهارته.

واتفقوا: على وجوب غسل الوجه كله وغسل اليدين مع المرفقين وغسل الرجلين مع الكعبين، ومسح الرأس.

وأجمعوا: على أن المسح على العمامة غير مجزئ، إلا أحمد فإنه أجاز ذلك بشرط أن يكون من العمامة شيء تحت الحنك رواية واحدة، وهل يشترط أن يكون قبل لبسها على طهارة؟ فعنه روايتان، وإن كانت مدورة لا ذؤابة لها لم يجز المسح عليها، وعن أصحابه في ذات الذؤابة وجهان.

---

(١) ولا نرى موجباً لذلك بدليل ما بعده.

وأجمعوا: على أن مسح باطن الأذنين وظاهر هما سنة من سنن الوضوء، إلا أحمد فإنه رأى مسحهما واجباً [فيما نقل حرب عنه][(1)] وقد سئل عن ذلك فقال: يعيد الصلاة إذا تركه، وعنه رواية أخرى نقلها صالح أنه سنة؛ لأنه قال: لا يعيد الصلاة إذا تركه.

واتفقوا: على أن تخليل اللحية إذا كانت كثة، وتخليل الأصابع من سنن الوضوء.

واتفقوا: على أنه لا يستحب تنشيف الأعضاء من الوضوء، ثم اختلفوا: هل يكره؟ فلم يذهب إلى أنه يكره إلا أحمد في [إحدى روايتيه]، والرواية الصحيحة عنده أنه لا يكره.

وأجمعوا: على أنه لا يجوز للمحدث مس المصحف.

وأجمعوا: على أنه لا يجوز للجنب والحائض قراءة آية كاملة، إلا مالكاً فإنه قال: يجوز للجنب أن يقرأ آيات يسيرة تعوذاً، واختلف عنه في الحائض، فروي أنها كالجنب، وروي أنها تقرأ على الإطلاق، وللشافعي قول آخر: أنه يجوز للحائض أن تقرأ: حكاه أبو ثور عنه، قال صاحب الشامل: وأصحابه لا يعرفون هذا القول.

---

(١) انظر الإفصاح.

باب ما ينقض الوضوء

أولاً: مدخل عام:

نواقض الوضوء هي:

١ـ الخارج من السبيلين من بول أو مذي أو ودي أو عذرة أو ما إلى ذلك، وهذا هو الحدث الذي عناه رسول الله ﷺ: «**لا تقبل صلاة من أحدث حتى يتوضأ**»(١).

٢ـ النوم الثقيل لمن كان مضطجعاً، لحديث ابن عباس: «**إنما الوضوء على من نام مضطجعاً فإنه إذا اضطجع استرخت مفاصله**» رواه أحمد وأبو داود والترمذي والدارقطني والبيهقي وغيرهم.

٣ـ استتار العقل.

٤ـ مس الذكر بباطن الكف والأصابع، لقوله ﷺ: «**من مس ذكره فلا يصل حتى يتوضأ**»(٢).

٥ـ الردة لقوله تعالى: ﴿**لَئِنْ أَشْرَكْتَ لَيَحْبَطَنَّ عَمَلُكَ**﴾(٣).

٦ـ أكل لحم الجروز لحديث البراء بن عازب قال: «**سئل رسول الله ﷺ عن الوضوء من لحوم الإبل فقال: توضؤوا منها** ....»(٤) ومس المرأة بشهوة، ويستحب الوضوء لصاحب السلس والمستحاضة وهي من يجري عليها الدم دائماً في غير أيام عدتها ومن غسل ميتاً أو باشر حمله.

---

(١) متفق عليه من حديث أبي هريرة ولفظ البخاري: «**لا تقبل صلاة من أحدث حتى يتوضأ**» ولفظ مسلم: «**لا تقبل صلاة أحدكم إذا أحدث حتى يتوضأ**».

(٢) رواه الترمذي وصححه.

(٣) الزمر: آية ٦٥.

(٤) رواه أحمد وأبو داود والترمذي وابن ماجة وابن حبان وابن الجارود. قال الشوكاني في نيل الأوطار: ورواه ابن خزيمة، وقال في صحيحه: لم أر خلافاً بين علماء الحديث أن هذا الخبر صحيح من جهة النقل لعدالة ناقليه.

ثانياً: مواطن الإجماع والاتفاق:

وأجمعوا: على أن نوم المضطجع والمستند والمتكئ ينقض الوضوء.

وأجمعوا: على أن الخارج من السبيلين ينقض الوضوء سواء كان نادراً أو معتاداً، قليلاً كان أو كثيراً، نجساً كان أو طاهراً، إلا مالكاً، فإنه لا يرى النقض بالنادر، كالدود والحصى وغيره.

واتفقوا: على أن من مس فرجه بغير يده من أعضائه أنه لا ينقض وضوؤه.

وأجمعوا: على أنه لا وضوء على من مس أنثييه سواء كان من وراء حائل أو من غير وراء حائل.

وأجمعوا: على أن أكل لحم الجزور والردة، وغسل الميت لا ينقض الوضوء، إلا أحمد، فإن ذلك كله عنده ينقض الوضوء. وقال الشافعي [في القديم](*): أكل لحم الجزور ينقض الوضوء، حكاه عنه ابن القاصّ.

وأجمعوا: على أن القهقهة في الصلاة تبطلها.

وأجمعوا: على أن من تيقن الطهارة وشك في الحدث فهو على الطهارة إلا مالكاً فإنه قال: يبني على الحدث ويتوضأ، وعنه رواية أخرى(*) كمذهب الجماعة.

(*) انظر الإفصاح.

باب الغسل

أولاً : تمهيد عام:

الغسل مشروع بنص الكتاب لقوله تعالى: ﴿ **وَإِن كُنتُمْ جُنُبًا فَاطَّهَّرُوا** ﴾[١] ولقوله ﷺ: «**تحت كل شعرة جنابة، فبلوا الشعر وأنقوا البشرة**»[٢] ولقوله ﷺ: «**إذا جلس بين شعبها الأربع ثم جهدها فقد وجب الغسل**»[٣].

وموجبات الغسل: الجنابة، وانقطاع دم الحيض أو النفاس، والدخول في الإسلام، والموت.

ويستحب الاغتسال للجمعة وللإحرام ولدخول مكة ولتغسيل الميت.

ثانياً: مواطن الإجماع والاتفاق:

وأجمعوا: على أن الغسل يجب بالتقاء الختانين.

وكيفية الغسل: أن يغسل ما به من أذى، ويغسل دبره، وتغوط أو لم يتغوط، وينوي، ومحل النية القلب كما قدمنا، وينوي الغسل من الجنابة أو رفع الحدث الأكبر، ويسمي الله تعالى، ويتوضأ وضوءه للصلاة، ثم يفيض الماء على رأسه وسائر جسده.

قال الوزير رحمه الله تعالى: واستحب له أن يصون الإزار الذي يغسل فيه الأذى عن أن يصيبه بلل الماء المزال به النجاسة، فإن تناول بعد إزالة الأذى وزرة أخرى إن

---

(١) المائدة: أية ٦.

(٢) رواه الأربعة إلا النسائي ورواه البيهقي.

(٣) متفق عليه، ولمسلم وأحمد «وإن لم ينزل».

أمكنه ذلك كان أحوط، فإن المؤمن يكره أن يبدي عورته، وإن كان خالياً، فإن اضطر ولم يجد المئزر فليجتمع وليتضام ولا ينتصب إلا بعد تناول أثوابه ثم يغسل رجليه متحولاً عن موضعه ذلك، ولو اقتصر على النية، وعم بالماء جسده ورأسه أجزأ عند أحمد وأبي حنيفة بعد أن يتمضمض ويستنشق، ولو أخل بالمضمضة والاستنشاق أجزأ ذلك عند مالك والشافعي، إلا أن مالكاً اشترط الدلك [في الظاهر عنه] والله أعلم.

وأجمعوا: على أنه لا يجب الغسل بانتقال المني، إلا أحمد فإنه أوجب الغسل بانتقاله.

وأجمعوا: على أن الحيض يوجب الغسل، وكذلك دم النفاس، وخروج الولد.

وأجمعوا: على أنه إذا نزل المني بشهوة وجب الغسل.

وأجمعوا: على نجاسة المذي، إلاّ ما روي عن أحمد [في بعض الروايات] أنه كالمني سواء.

واتفقوا: على أنّ من خروجه غسل الذكر والوضوء، إلا في إحدى الروايتين عن أحمد، فإنه قال: يغسل ذكره وأنثييه ويتوضأ.

وأجمعوا: على أنه لا يجب الوضوء من أكل ما مسته النار.

باب التيمم

أولاً: تمهيد عام:

التيميم مشروع لقوله تعالى: ﴿ **وَإِن كُنتُم مَّرْضَىٰ أَوْ عَلَىٰ سَفَرٍ أَوْ جَاءَ أَحَدٌ مِّنكُم مِّنَ الْغَائِطِ أَوْ لامَسْتُمُ النِّسَاءَ فَلَمْ تَجِدُوا مَاءً فَتَيَمَّمُوا صَعِيدًا طَيِّبًا فَامْسَحُوا بِوُجُوهِكُمْ وَأَيْدِيكُمْ** .... ﴾[1] ولقوله ﷺ: «**الصعيد وضوء المسلم وإن لم يجد الماء عشر سنين**»[2].

وفروض التيمم هي: النية، والصعيد الطاهر، والضربة الأولى؛ وهي وضع اليدين على التراب ومسح الوجه والكفين.

وسننه هي: التسمية، والضربة الثانية، ومسح الذراعين مع الكفين.

ثانياً: مواطن الإجماع والاتفاق:

وأجمعوا: على التيمم بالصعيد الطيب عند عدم الماء أو الخوف من استعماله لقوله تعالى: ﴿ **فَتَيَمَّمُوا صَعِيدًا طَيِّبًا** ﴾.

قال أهل اللغة: التيمم القصد والتعمد، وهو من قولك: دراي أمام دار فلان أي مقابلهما.

وأجمعوا: أن النية شرط في صحة التيمّم، وصفة النية للتيمم أن ينوي استباحة الصلاة، لا رفع الحدث.

وأجمعوا: على أن ما ينطبع، كالحديد والنحاس والرصاص، لا يسمى صعيداً ولا يجوز التيمم به.

---

(١) النساء: من الآية ٤٣.

(٢) رواه النسائي وابن حبان وهو حديث صحيح.

وأجمعوا: على أن التيمم لا يرفع الحدث على الاستمرار، وفائدته أن المتيمم إذا رأى الماء قبل الدخول في الصلاة بطل تيممه ولزمه استعمال الماء، ولو كان يرفع الحدث على الاستمرار لما لزمه استعمال الماء.

وأجمعوا: على أنه إذا تيمم لفريضة صلاها ثم النوافل، وقضى الفوائت، إلى أن يدخل وقت الصلاة الأخرى، إلا مالكاً والشافعي فإنهما قالا: يصليها، والنوافل خاصة، ولا يقضي بذلك التيمم الفوائت، بل يكون لكل فريضة تيمم؛ لأنه لا يصلى بتيمم أكثر من فريضة واحدة.

وأجمعوا: على أنه يجوز للجنب بشرطه كما يجوز للمحدث.

وأجمعوا: على أن المسافر إذا كان معه ماء وهو يخشى العطش، فإنه يحبسه لشربه ويتيمم.

وأجمعوا: على أن المحدث إذا تيمم ثم وجد الماء قبل الدخول في الصلاة أنه يبطل تيممه، ويلزمه استعمال الماء قبل الدخول.

وأجمعوا: على أنه إذا رأى الماء بعد فراغه من الصلاة، فلا إعادة عليه، وإن كان الوقت باقياً.

وأجمعوا: أنه لا يجوز التيمم لصلاة العيدين، وصلاة الجنازة في الحضر، وإن خاف فواتها: إلا أبا حنيفة، فإنه أجاز ذلك في الحضر وكذلك مالك في الجنازة.

باب في المسح (على الخفين)[*]

أولاً: تمهيد عام:

مشروعية المسح على الخفين أو الجوربين ثابتة بالكتاب، أخذاً بقراءة ﴿وَأَرْجُلِكُمْ﴾ بالجر عطفاً على ﴿وَامْسَحُوا بِرُءُوسِكُمْ﴾، فبذا جاز المسح، وبالنسبة لقوله ﷺ: «**إذا توضأ أحدكم فلبس خفيه فليمسح عليهما وليصل، ولا يخلعهما إن شاء إلا من جنابة**»[1].

ثانياً: مواطن الإجماع والاتفاق:

وأجمعوا: على جواز المسح على الخفين في السفر.

واتفقوا: على جوازه في الحضر، إلا رواية عن مالك.

واتفقوا: على أن مدة المسح في حالتي السفر والحضر مؤقتة؛ فللمسافر ثلاثة أيام بلياليهن، وللمقيم يوم وليلة، إلا مالكاً فإنه لا توقيت عنده بحال. وحكى[2] الزعفراني: عن الشافعي: أنه قال: يمسح بلا توقيت، إلا أنه يجب عليه غسل، ثم رجع عن ذلك.

وأجمعوا: على أن المسح يختص ما[3] حاذى ظاهر القدمين.

وأجمعوا: على أن المسح على الخفين مرة واحدة مجزئ.

وأجمعوا: على أنّه متى نزع أحد الخفين وجب عليه نزع الآخر، وهل يعيد الوضوء أو يقتصر على غسل القدمين؟ فيه خلاف نذكره إن شاء الله تعالى.

(*) غير موجودة في عنوان هذا الباب من مخطوطة اختلاف الأئمة الأربعة.

(1) رواه الدارقطني والحاكم وصححه.

(2) في مخطوطة الإنصاف وقال.

(3) في مخطوطة الإنصاف (بما).

وأجمعوا: على من أكمل طهارته ثم لبس الخفين وهو مسافر سفراً مباحاً تقصر في مثله الصلاة، ثم أحدث، فله أن يمسح عليهما.

وأجمعوا: على أن ابتداء مدة المسح من وقت الحدث، لا من وقت المسح إلا رواية عن أحمد: أنه من وقت المسح إلى المسح.

وأجمعوا: على أنه إذا انقضت مدة المسح بطلت طهارة الرجلين، إلا مالكاً فإنه على أصله في تركه مراعاة التوقيت.

باب الحيض

أولاً: تمهيد عام[١]:

يمنع الحيض (والنفاس) أموراً منها الوطء لقوله سبحانه: ﴿**وَلَا تَقْرَبُوهُنَّ حَتَّىٰ يَطْهُرْنَ**﴾[٢]، والصلاة والصيام لما رواه الشيخان البخاري ومسلم عن عائشة رضي الله عنها قالت: «**جاءت فاطمة بنت أبي حبيش إلى النبي ﷺ فقالت: يا رسول الله، إني امرأة أستحاض فلا أطهر أفأدع الصلاة؟ فقال: إنما ذلك عِرْق وليس بحيض، فإذا أقبلت حيضتك فدعي الصلاة، وإذا أدبرت فاغسلي عنك الدم ثم صلي**» إنما يلاحظ أن الصلاة لا تُقضى بعد الطهر، أما الصوم فيُقضى بعد الطهر.

كذلك يمنع بالحيض دخول المسجد لقوله ﷺ: «**لا أحل المسجد لحائض**»[٣]، أو قراءة القرآن لقوله ﷺ: «**لا يقرأ الجنب ولا الحائض شيئاً من القرآن**» أو الطلاق لما روي: «**أن ابن عمر رضي الله عنهما طلق امرأته وهي حائض فأمره رسول الله ﷺ أن يراجعها ويمسكها حتى تطهر**»[٤].

ثانياً: مواطن الإجماع والاتفاق:

وأجمعوا: على أن من[٥] أحداث النساء الحيض.

---

(١) عنوان هذا الباب في المخطوطة: باب الحيض أما في الإفصاح عن نسختي المولوية والظاهرية فالعنوان هو: باب ذكر الحيض والنفاس.

(٢) البقرة من الآية ٢٢٢.

(٣) رواه أبو داود في سننه.

(٤) رواه البخاري.

(٥) غير موجودة في الإفصاح.

قال أهل اللغة: الحيض نزول دم المرأة لوقته المعتاد.

وأجمعوا: على أن فرض الصلاة ساقط عن الحائض مدة حيضها، وأنه لا يجب عليها قضاؤها.

وأجمعوا: على أن فرض الصوم غير ساقط عنها مدة حيضها، إلا أنه محرم عليها الصوم في حال الحيض، ويجب عليها قضاؤه.

وأجمعوا: على أنه يحرم عليها الطواف بالبيت.

وأجمعوا: على أنه يحرم عليها اللبث في المسجد.

ثمّ أجمعوا: على أنه يحرم وطء الحائض في الفرج حتى ينقطع حيضها.

وأجمعوا: على أن النفاس من أحداث النساء، وأنه يحرم ما يحرمه الحيض ويسقط ما يسقطه.

قال أهل اللغة: والنفساء سميت بذلك لسيلان الدم، والدم يسمى نفساً: قال الشاعر:

تسيل على حد السيوف نفوسنا وليس على غير الحديد[1] تسيل

---

(١) في الإنصاف: السيوف.

كتاب الصلاة(*)

باب صفة الصلاة

أولاً: تمهيد عام:

الصلاة فريضة الله على كل مؤمن، وهي أحد أركان الإسلام الخمسة، قال تعالى: ﴿**إِنَّ الصَّلَاةَ كَانَتْ عَلَى الْمُؤْمِنِينَ كِتَابًا مَّوْقُوتًا**﴾[1] والصلاة هي الركن الثاني من أركان الإسلام، قال ﷺ فيما رواه ابن عمر: «**بني الإسلام على خمس: شهادة أن لا إله إلا الله وأن محمداً رسول الله، وإقام الصلاة، وإيتاء الزكاة، وصيام رمضان، وحج البيت من استطاع إليه سبيلاً**»[2] وتارك الصلاة يقتل شرعاً، والمتهاون فيها فاسق بغير جدال. والصلاة تطهر النفس وتزكيها.

ثانياً: مواطن الإجماع والاتفاق:

وأجمعوا: على أن الصلاة أحد أركان الإسلام الخمسة، قال تعالى: ﴿**إِنَّ الصَّلَاةَ كَانَتْ عَلَى الْمُؤْمِنِينَ كِتَابًا مَّوْقُوتًا**﴾[3].

وأجمعوا: على أنها خمس صلوات في اليوم والليلة.

وأجمعوا: على أنها سبع عشرة ركعة: الفجر ركعتان، والظهر أربع، والعصر أربع، والمغرب ثلاث، والعشاء أربع.

وأجمعوا: على أن الله سبحانه وتعالى فرضها على كل مسلم بالغ عاقل، وعلى كل مسلمة بالغة عاقلة، خالية من حيض أو نفاس.

(*) هذا العنوان غير موجود في مخطوطة اختلاف الأئمة الأربعة.

(١) النساء: آية ١٠٣.

(٢) متفق عليه، انظر صحيح البخاري ١/٨ و٩ و٦/٣٢، وصحيح مسلم ١/٤٥ وقد روى الحديث النسائي والترمذي وابن ماجة والإمام أحمد في المسند ٢/٢٦، ١٢٠، ١٤٣.

(٣) سورة النساء من الآية ١٠٣.

وأجمعوا: على أنه لا يسقط فرضها في حق من جرى عليه التكليف بها من الرجال البالغين العقلاء، وخطابهم[1] بها، إلا[2] المعاينة للموت و[3] أمور الآخرة. وكذلك النساء سوى ما اختصصن به من الحدثين المذكورين، إلا أن أبا حنيفة قال: إن عجز عن الإيماء برأسه سقط الفرض عنه.

وأجمعوا: على أن كل من وجبت عليه الصلاة من المخاطبين بها، ثم امتنع من الصلاة جاحداً لوجوبها، فإنه كافر، ويجب قتله ردة.

وأجمعوا: على أن الصلاة المفروضة من الفروض التي لا تصح فيها النيابة بنفس ولا مال.

وأجمعوا: على أنه لا يجوز تأخير الصلاة حتى يخرج وقتها، لمن كان مستيقظًا ذاكراً لها، قادراً على فعلها، غير ذي عذر، ولا مريداً لجمع.

قال أهل اللغة: والدعاء عند العرب صلاة. فسميت الصلاة لما فيها من الدعاء، وقيل: من صليت العود إذ لينته، فالمصلي يلين ويخشع، وقيل: من الصلوة وهو: عظم الفخذ يرتفع عند الركوع والسجود.

واختلفوا: في وقت وجوب الصلاة، فقال مالك والشافعي وأحمد: الصلاة تجب بأول الوقت. وقال بعض أصحاب أبي حنيفة تجب بآخره.

وأجمعوا: على أن أول وقت الظهر إذا زالت الشمس، وأنه لا يجوز أن يصلي قبل الزوال.

---

(١) في الإنصاف: وخاطبهم.

(٢) في الإنصاف إلى.

(٣) في الإنصاف أو

وأجمعوا: على أن أول وقت صلاة الفجر(١)، طلوع الفجر الثاني المنتشر ولا ظلمة بعده، وآخر وقتها المختار إلى أن يسفر(٢).

وأجمعوا: على أن وقت الضرورة إلى أن تطلع الشمس(٣).

وأجمعوا: على استحباب تعجيل الظهر في الشتاء إذا لم يكن غيم، وفي الصيف إذا لم تصل في مساجد الجماعة، إلا مالكًا فإنه قال: يستحب لمساجد الجماعات أن يؤخروها إلى أن يصير الفيء ذراعًا.

وأجمعوا: على أن الأفضل تأخير الظهر عن وقت جواز فعلها في يوم الغيم، إلا الشافعي فإنه قال: إذا غلب على ظنه دخول وقتها صلاها من غير تأخير، وعن الشافعي أنه قال: إذا كانت السماء متغيمة راعى الشمس، فإن برز له منها ما يدله، وإلا تأخر حتى يرى أنه صلاها بعد الوقت، واحتاط بتأخيرها ما بينه وبين أن يخاف دخول وقت العصر.

واتفقوا: على أن الأفضل تأخير الظهر في شدة الحر إذا كان يصليها في مساجد الجماعات، خلافًا لبعض أصحاب الشافعي في اعتبار ذلك في البلاد الحارة دون غيرها.

---

(١) يقول ابن قدامة: «وقت الصبح يدخل بطلوع الفجر الثاني إجماعًا» ج١ ص٢٩.

(٢) قال ﷺ: «**من أدرك ركعة من الصبح قبل أن تطلع الشمس فقد أدرك الصبح**». متفق عليه.

(٣) قال ﷺ: «**وقت الفجر ما لم تطلع الشمس**» انظر حديث عبدالله بن عمر.

باب الأذان

أولاً: مدخل عام:

الأذان واجب كفائي على المسلمين في المدن والقرى، وفق صيغته الشرعية، ودليل الوجوب قوله ﷺ: «**إذا حضرت الصلاة فليؤذن لكم أحدكم وليؤمكم أكبركم**»[١].

ثانياً: مواطن الإجماع والاتفاق:

وأجمعوا: على أن الأذان والإقامة مشروعان للصلوات الخمس والجمعة.

واتفقوا: على أن النساء لا يشرع في حقهن ولا يسن.

وأجمعوا: على أنه إذا اتفق أهل بلد على ترك الأذان والإقامة قوتلوا على ذلك؛ لأنه من شعائر الإسلام؛ فلا يجوز تعطيله.

وأجمعوا: على أنه لا يؤذن لصلاة قبل دخول وقتها إلا صلاة الفجر، فإنه يجوز أن يؤذن لها قبل دخول وقتها عند مالك والشافعي وأحمد، وقال أبو حنيفة: لا يجوز أن يؤذن لها قبل طلوع الفجر. وعن أحمد: قال: أكره أن يؤذن لها قبل طلوع الفجر في شهر رمضان خاصة.

قال الوزير يحيى بن محمد أيده[٢] الله: والذي أراه أنا أنه لا يكره للحديث المشهور الصحيح عن النبي ﷺ: قال «**إن بلالاً يؤذن بليل فلا يمنعكم ذلك من سحوركم**» وهذا فلو كان مما يكره لم يقر رسول الله ﷺ بلالاً إقراراً مطلقاً، من غير إشارة إلى ما يستدل به على الكراهة.

وأجمعوا: على أن التثويب[٣] في الأذان إنما هو في الأذان لصلاة الفجر خاصة.

---

(١) متفق عليه.
(٢) في الإنصاف رحمه .
(٣) أي: الصلاة خير من النوم.

وأجمعوا: على أنه لا يعتد إلا بأذان المسلم العاقل، وأنه لا يعتد به من مجنون.

وأجمعوا: على أن المرأة إذا أذنت للرجال لم يعتد بأذانها، فإن أذنت للنساء فلا بأس، فقد روى ابن المنذر أن عائشة رضي الله عنها كانت تؤذن وتقيم.

وقال الشافعي: إن صلين منفردات اذنت في نفسها وأقامت غير رافعة صوتها في الأذان.

وأجمعوا: على أن أذان الصبي والمميز للرجال معتد به.

وأجمعوا: على أنه يستحب أن يكون المؤذن حراً، بالغًا، طاهراً.

وأجمعوا: على أن أذان المحدث معتد به، إذا كان حدثه هو الأصغر، مع استحبابهم أن يؤذن طاهراً.

وأجمعوا: على أنه إذا أذن جنباً اعتد بأذانه، ويؤذن خارج المسجد: لئلا يلبث فيه وهو جنب، إلا في إحدى الروايات عن أحمد: وأنه لا يعتد بأذان لا يسن لغير الخمس والجمعة.

وأجمعوا: على أن صلاتي العيدين والكسوف والاستسقاء: النداء بقوله: الصلاة جامعة.

وأجمعوا: على أن الصلاة على الجنائز لا يسن لها أذان ولا نداء.

وأجمعوا: على أن طهارة موقف المصلي من الواجبات؛ وأن ذلك شرط في صحة الصلاة.

باب ستر العورة

أولاً: مدخل عام:

ستر العورة شرط من شروط صحة الصلاة، لقوله تعالى: ﴿ **يَا بَنِي آدَمَ خُذُوا زِينَتَكُمْ عِندَ كُلِّ مَسْجِدٍ** ﴾[١] وعورة الرجل ما بين سرته وركبته، وعورة المرأة فيما عدا وجهها وكفيها، لقوله ﷺ: «**لا يقبل الله صلاة حائض إلا بخمار**»[٢].

وأجمعوا: على أن ستر العورة عن العيون واجب، وأنه شرط في صحة الصلاة، إلا مالكًا فإنه قال: هو واجب في الصلاة[٣] وليس بشرط في صحتها إلا أنه[٤] يتأكد بها.

ومن أصحابه (أي أصحاب مالك) من قال[٥]: هو شرط مع الذكر والقدرة.

وأجمعوا: على أن طهارة ثوب المصلي شرط في صحة الصلاة.

وأجمعوا: على أن الطهارة عن الحدث شرط في صحة الصلاة.

وأجمعوا: على أن طهارة البدن عن النجس شرط في صحة الصلاة للقادر عليها.

وأجمعوا: على أن العلم بدخول الوقت، أو غلبة الظن على دخوله شرط في صحة الصلاة، إلا مالكًا فإن الشرط في صحة الصلاة عنده العلم بدخول الوقت، وأما غلبة الظن فلا.

وأجمعوا: على أن استقبال القبلة شرط في صحة الصلاة، لقوله جل شأنه:

---

(١) الأعراف: آية ٣١.

(٢) رواه أبو داود في سننه بإسناد جيد.

(٣) في الإنصاف: للصلاة.

(٤) في الإنصاف: مما.

(٥) هذه العبارة في الإنصاف كالآتي: وقال بعض أصحاب مالك.

﴿وَحَيْثُ مَا كُنتُمْ فَوَلُّوا وُجُوهَكُمْ شَطْرَهُ﴾ إلا من عذر، وهو في الحالين حال المسايفة، وشدة الخوف، وبالنافلة في السفر الطويل على الراحلة للضرورة، مع كونه مأموراً حال التوجه وتكبيرة الإحرام أن يستقبلها ما استطاع، فإن كان المصلي بحضرتها توجه إلى عينها، وإن كان قريباً منها باليقين وإن كان غائباً فبالاجتهاد والتقليد أو الخبر لمن كان من أهله.

وأجمعوا: على أنه لا يجوز للمقيم في بلد صلاة التطوع إلى غير القبلة لا راكبًا ولا ماشيًا.

وأجمعوا: على أنه إذا اشتبهت عليه القبلة فاجتهد فأصاب، أنه لا إعادة عليه.

وأجمعوا: على أنه إذا صلى إلى[1] القبلة باجتهاد[2]، ثم بان أنه أخطأ فلا إعادة عليه، إلا في أحد قولي الشافعي الجديد. وقال مالك: إن استبان أنه كان منحرفًا عنها لم يعد. وإن استبان أنه كان مستدبراً، فعنه في الإعادة روايتان.

وأجمعوا: على جواز التنقل على الراحلة. وصلوات السنن الراتبة عليها حيث توجهت به في السفر الطويل.

وأجمعوا: على أن صلاة النفل في الكعبة تصح.

---

(١) في المخطوطة الماثلة: إلى.

(٢) في الإنصاف: جهة بالاجتهاد.

باب ذكر حد العورة(١)

أولاً: مدخل عام:

تقدم بيان حد العورة.

ثانياً: مواطن الإجماع والاتفاق:

واتفقوا: على أن السرة من الرجل ليست عورة.

وأجمعوا: على أنه يجب على المصلي ستر المنكبين في الصلاة، سواء كانت صلاته فرضًا أو نفلاً، إلا أحمد، فإنه أوجبه في الفرض، وعنه في النفل روايتان.

(١) عنوان هذا الباب في هذه المخطوطة: باب العورة.

باب شروط الصلاة

أولاً: موجز عام:

للصلاة شروط وجوب وشروط صحة، فأما شروط وجوبها فهي:

١- الإسلام، لقوله ﷺ: «**أمرت أن أقاتل الناس حتى يشهدوا أن لا إله إلا الله وأن محمداً رسول الله ويقيموا الصلاة ويؤتوا الزكاة**»(١).

٢- والعقل، فلا تجب الصلاة على المجنون لقوله ﷺ: «**رُفع القلم عن ثلاثة: عن النائم حتى يستيقظ، وعن الصبي حتى يحتلم، وعن المجنون حتى يعقل**»(٢).

٣- والبلوغ لما تقدم.

٤- ودخول وقتها لقوله تعالى: ﴿إِنَّ الصَّلَاةَ كَانَتْ عَلَى الْمُؤْمِنِينَ كِتَابًا مَّوْقُوتًا﴾ [النساء:١٠٣] والطهر من الحيض والنفاس، لقوله ﷺ: «**إذا أقبلت حيضتك فاتركي الصلاة**»(٣).

وأما شروط صحتها فالطهارة من الحدث الأصغر، لقوله ﷺ: «**لا يقبل الله صلاة بغير طهور**»(٤)، وستر العورة كما تقدم، واستقبال القبلة.

ثانياً مواطن الإجماع والاتفاق:

وأجمعوا: على أن للصلاة شرائط، وهي التي تتقدمها، وأنها أربعة، وهي الوضوء بالماء أو التيمم عند عدمه، والوقوف على بقعة طاهرة، واستقبال القبلة مع القدرة، والعلم بدخوله الوقت باليقين.

---

(١) رواه البخاري.

(٢) رواه أبو داود والحاكم وصححه وقد رواه أحمد بصيغة «**رفع القلم عن ثلاثة: عن الصبي حتى يبلغ، وعن النائم حتى يستيقظ، وعن المجنون حتى يفيق**» كما رواه أصحاب السنن إلا الترمذي ورواه ابن حبان والحاكم.

(٣) متفق عليه.

(٤) رواه مسلم.

وأجمعوا: على أن فروض الصلاة سبعة وهي: النية للصلاة، وتكبيرة الإحرام، والقيام مع الاستطاعة، والقراءة في الركعتين للإمام والمنفرد. والركوع والسجود، والجلوس آخر الصلاة بمقدار إيقاع السلام.

وأجمعوا: على أن النية للصلاة فرض كما قدمنا.

واتفقوا: على أن تكبيرة الإحرام من فروض الصلاة كما ذكرنا.

وكذلك اتفقوا: على أنه لا تصح الصلاة إلا بنطق، ولا يغني فيه مجرد النية بالقلب من غير نطق بالتكبير.

وكذلك اتفقوا: على أن هذا الإحرام ينعقد بقول المصلي: «الله أكبر».

وأجمعوا: على أن رفع اليدين عند تكبيرة الإحرام سنة، وأنه ليس بواجب.

وأجمعوا: على أنه يسن وضع اليمين على الشمال في الصلاة، إلا في إحدى الروايتين عن مالك، فإنه قال: لا يسن، بل هو مباح، والأخرى عنه: هو مسنون كمذهب الجماعة.

وأجمعوا: على أن دعاء الاستفتاح في الصلاة مسنون، إلا مالكًا، فإنه قال: ليس بسنة، وصفته عند أبي حنيفة وأحمد أن يقول: «**سبحانك اللهم وبحمدك وتبارك اسمك، وتعالى جدك، ولا إله غيرك**» كما رواه أبو سعيد الخدري وعائشة رضي الله عنهما.

وصفته عند الشافعي:

«**وجهت وجهي للذي فطر السموات والأرض حنيفاً مسلماً وما أنا من المشركين، إن صلاتي ونسكي ومحياي ومماتي لله رب العالمين، لا شريك له وبذلك أمرت وأنا من المسلمين**».

وفي رواية أخرى «**وأنا أول المسلمين**» كما في التنزيل، كما رواه الإمام علي رضي الله عنه.

وقال أبو يوسف: المستحب أن يجمع بينهما.

وقال الوزير يحيى بن محمد: وهو اختياري.

واتفقوا: ما عدا مالكًا - على أن الاستفتاح بكل واحد من هذين جائز معتد به، وقال مالك: يستحب للمصلي أن يدعو بهما أمام التكبير، فأما إذا كبر فإنه يصل القراءة بالتكبير.

واتفقوا: على أن التعوذ في الصلاة على الإطلاق قبل القراءة سنة، إلا مالكًا، فإنه قال: لا يتعوذ في المكتوبة.

واتفقوا: على أن فرض القراءة على كل مصل إذا كان إمامًا أو منفردًا في ركعتي الفجر، وفي كل ركعتين من الرباعيات والثلاثية كما قدمنا.

واتفقوا: على أن قراءة سورة بعد الفاتحة مسنون في الفجر والأوليين من كل رباعية، ومن المغرب.

واتفقوا: على أن الجهر فيما يجهر به، والإخفات فيما يخفت به سنة من سنن الصلاة.

واتفقوا: على أنه إذا تعمد الجهر فيما يخافت فيه، أو الإخفات فيما يجهر فيه لا تبطل صلاته، إلا أن يكون تاركًا السنة، إلا ما رواه الطليطلي عن بعض أصحاب مالك أنه: متى تعمد ذلك فالصلاة فاسدة، والمذهب المشهور عن مالك: الصلاة صحيحة.

واتفقوا: على أنه إذا تعمد الجهر[1] فيما يخافت فيه ناسيًا ثم ذكر خافت فيما بقي ولم يعد فيما جهر فيه، وإن خافت فيما يجهر فيه ناسيًا ثم ذكر أعاد القراءة، إلا الإمام أبا حنيفة فإنه قال: إذا خافت فيما يجهر به. وكان منفردًا فلا شيء عليه، وإن

(١) في الإفصاح إذا جهر، وهذا أولى لأن التعمد يتنافى مع النسيان.

كان إماماً: فإن كان الذي خافت فيه من الفاتحة، وكان الذي قرأه الأكثر منها، وجب عليه السجود للسهو وإلا فلا، وإن كان من غير الفاتحة: فإن قرأ ثلاث آيات قصار أو طويلة فعليه سجدتا السهو، وإلا فلا.

وأجمعوا: أنه لا يزيد في التشهد الأوّل على قوله «**وأن محمداً عبده ورسوله**» إلا الشافعي، في الجديد من قوليه، فإنه قال: يصلي على النبي ﷺ ويسن ذلك.

قال الوزير رحمة الله عليه: وهو الأولى عندي.

واتفقوا: على أن الجلسة في آخر الصلاة فرض من فروض الصلاة، كما قدمنا ذكره.

وأجمعوا: على أن الركوع والسجود في الصلاة فرضان كما ذكرنا قبل.

واتفقوا: على أن الانحناء حتى تبلغ كفاه ركبتيه مشروع في الركوع.

وأجمعوا: على أنه إذا ركع، فالسنة أن يضع يديه على ركبتيه ولا يطبقهما بين ركبتيه.

واتفقوا: على استحباب مد الظهر في الركوع ووضع اليدين على الركبتين فيه ومد العنق.

واتفقوا: على أن السجود على سبعة أعضاء مشروع، وهي: بوادر الوجه، واليدان، والركبتان، وأطراف أصابع الرجلين.

واتفقوا: على الاعتداد بكل واحد من التشهد المروي عن النبي ﷺ عن طريق الصحابة الثلاثة [رضي الله عنهم] وهم: عمر بن الخطاب، وعبدالله بن مسعود، وعبدالله بن عباس.

ثم اختلفوا: في الأولى منهما، فاختار أبو حنيفة وأحمد تشهد ابن مسعود وهو عشر كلمات «**التحيات لله والصلوات والطيبات، السلام عليك أيها النبي ورحمة الله وبركاته، السلام علينا وعلى عباد الله الصالحين، أشهد أن لا إله إلا الله، وأشهد أن محمد عبده ورسوله**».

واتفقوا: على أن الإتيان بالسلام مشروع.

واتفقوا: على وجوب ترتيب أفعال الصلاة.

واتفقوا: على أن الذكر في الركوع وهو «**سبحان ربي العظيم**» والسجود وهو «**سبحان ربي الأعلى**» والتسميع والتحميد وهو «**سمع الله لمن حمده ربنا لك الحمد**» في الرفع من الركوع، وسؤال المغفرة بين السجدتين والتكبيرات: مشروع كله.

واتفقوا: على أن أدنى الكمال في التسبيح - في الركوع والسجود - ثلاث.

وأجمعوا: على أن التكبيرات من الصلاة، إلا أبا حنيفة، فيما حكاه الكرخي عنه، من قوله: إن تكبيرة الافتتاح ليست من الصلاة.

واتفقوا: على أن السنة أن يضع ركبتيه قبل يديه إذا سجد، إلا مالكًا فإنه قال: يضع يديه قبل ركبتيه.

باب صلاة الجماعة[1]

وأجمعوا: على أن صلاة الجماعة مشروعة، وأنه يجب إظهارها في الناس، فإن امتنع من ذلك أهل بلد قوتلوا عليها.

(١) هذا العنوان ليس في الإفصاح.

باب سجود التلاوة والشكر(١)

واتفقوا: على أن سجود التلاوة غير واجب، إلا أبا حنيفة فإنه أوجبه على التالي والسامع، سواء قصد السماع أو لم يقصد.

ثم اتفق: من لم يوجبه على استحبابه، وتأكيد سنيته على التالي والسامع قاصداً، والسامع من غير قصد، إلا الشافعي فإنه قال: لا أؤكد سنيته على السامع، فإن سجد فحسن.

واتفقوا: على أن في(٢) الحج سجدتين، إلا أبا حنيفة ومالكًا فإنهما قالا: ليس إلا الأولى.

باب ما يبطل الصلاة وما يكره فيها(٣)

واتفقوا: على أنه إذا تكلم المصلي عامداً لغير مصلحة بطلت صلاته، سواء كان إمامًا أو مأمومًا أو منفرداً، فإن كان إمامًا أو مأمومًا، وتكلم لمصلحة صلاته عامداً نحو أن يشك فيشك من خلفه، فقال أبو حنيفة والشافعي: تبطل صلاته إمامًا كان أو مأمومًا، وقال مالك: لا تبطل صلاتهما، بشرط المصلحة، وعن أحمد ثلاث روايات: إحداها: البطلان في حق الإمام والمأموم، والثانية: بطلان صلاة المأموم وصحة صلاة الإمام، بشرط المصلحة، وهي التي اختارها الخرقي، والثالثة: صحة صلاتهما مع اشتراط المصلحة، فإن تكلم في صلاته ناسيًا فقال أبو حنيفة: تبطل صلاته سواء كان

(١) الكلمة الأخيرة ليست في الإفصاح.

(٢) هذا الحرف يوجد بدلاً من كلمة سورة في الإفصاح والأولى الجمع بينهما، وسواء الجمع أو قدر المجرور فإن إعراب سجدتين هنا خطأ في الإنصاف.

(٣) هذا العنوان غير موجود في الإفصاح.

إماماً أو مأموماً أو منفرداً، وقال مالك والشافعي: الصلاة صحيحة، وعن أحمد روايتان كالمذهبين، واختلفوا فيمن أكل أو شرب في صلاته متعمداً؟ فقال أبو حنيفة والشافعي ومالك: تبطل صلاته.

وأجمعوا: على أن الالتفات في الصلاة مكروه.

وكذلك أجمعوا: على أن التثاؤب فيها مكروه.

وأجمعوا: على أن نظر المصلي إلى ما يلهيه مكروه.

وأجمعوا: على أنه لا تجوز إمامة المرأة للرجال[١] في الفرائض.

واتفقوا: على أن في[٢] المفصل ثلاث سجدات: إحداهن: في النجم، والثانية: في الانشقاق، والثالثة: في العلق، ما خلا مالكًا فإنه قال: لا سجود في المفصل، في المشهور من مذهبه، وعنه، رواية أخرى، أنها[٣] كمذهب الجماعة، ذكر ذلك عبدالوهاب في الإشراف، وعن الشافعي قول آخر: إنه لا سجود في المفصل.

واتفقوا: على باقي السجدات، وأنها سجدات تلاوة وهي عشر أولها الأعراف، والرعد، والنحل، وسجدة سبحان، وسجدة مريم، والأولى في الحج وسجدة الفرقان، وسجدة النمل، وسجدة لقمان، وسجدة حم. وحم المصابيح[٤].

«واختلفوا في سجود الشكر فقال أبو حنيفة ومالك: يكره، والأولى أن يقتصر على الحمد والشكر باللسان، وقال الشافعي وأحمد: لا يكره، بل هو مستحب».

---

(١) في الإفصاح بالرجال وهو خطأ.

(٢) الحرف غير موجود في الإفصاح.

(٣) توجد كلمتان في الإفصاح بعد ذلك هما: كسائر الجماعة.

(٤) في الإفصاح: وسجدة حم.

باب ما يجوز فيه الصلاة

ذكر سجود السهو(١)

أولاً: مقدمة عامة:

قد يسهو الإنسان في صلاته فيزيد ركعة أو سجدة، وعندئذ يلزمه أن يسجد سجدتين بعد تمام الصلاة ثم يسلم، وهذا هو أيضًا شأن من يترك سهواً سنة مؤكدة من سنن الصلاة، أو يترك تشهد الوسط، أو يسلم قبل إتمام الصلاة، فإنه يعود إن قرب الزمن فيتم صلاته ثم يسجد بعد السلام، لقوله ﷺ وفعله: «**فقد سلم ﷺ من اثنين، فأُخبر بذلك، فعاد فأتم الصلاة وسجد بعد السلام**»(٢).

ثانيًا: مواطن الإجماع والاتفاق:

واتفقوا: على أن سجود السهو في الصلاة مشروع، وأنه إذا سها في صلاته جبر ذلك بسجود السهو.

واتفقوا: على أنه إذا تركه سهواً لم تبطل صلاته، إلا رواية عن أحمد، والمشهور عنه: لا تبطل كالجماعة. وقال مالك: إن كان سجوداً لنقص لترك شيئين فصاعداً، وتركه ناسيًا ولم يسجد حتى سلم، وتطاول الفصل، وقام من مصلاه، أو انتقضت طهارته بطلت صلاته.

باب قضاء الفوائت(٣)

واتفقوا: على وجوب قضاء الفوائت.

واتفقوا: على أن الشمس إذا غربت على المصلي عصراً أن صلاته صحيحة.

---

(١) هذا العنوان من الإفصاح. (٢) متفق عليه. (٣) هذا العنوان غير موجود في الإفصاح.

باب القنوت[1]

واتفقوا: على أن القنوت في الوتر مسنون في النصف الثاني من شهر رمضان إلى آخره.

واتفقوا: على أنه يكره للشوابِّ منهن[2] حضور جماعات الرجال.

باب النوافل الراتبة[3]

واتفقوا: على أن النوافل الراتبة: ركعتان قبل الفجر، وركعتان قبل الظهر، وركعتان بعدها، وركعتان بعد المغرب، وركعتان بعد العشاء، ثم زاد أبو حنيفة والشافعي فقالا: وقبل العصر أربعًا، إلا أن أبا حنيفة قال: وإن شاء ركعتين وكملا قبل الظهر أربعًا، وزاد الشافعي: فكمل[4] أيضًا بعدها أربعًا، وقال أبو حنيفة، وأربعًا بعدها أيضًا وإن شاء ركعتين، وزاد أبو حنيفة: وأربعًا قبل العشاء وكمل بعدها أربعًا، قال: وإن شاء ركعتين وأربعًا قبل الجمعة وأربعًا بعدها.

---

(١) هذا العنوان غير موجود في الإفصاح.

(٢) أي النساء.

(٣) هذا العنوان ليس في الإفصاح.

(٤) في الإفصاح: فكمل بعدها.

باب في الإمامة ومن أحق بالإمامة[1]

أولاً: مقدمة عامة:

الأحق بالإمامة هو الأقرأ لكتاب الله تعالى، ثم الأفقه في الدين، ثم الأكثر تقوى، ثم الأكبر سناً، لقوله ﷺ: «**يؤم القوم أقرؤهم لكتاب الله، فإن كانوا في القراءة سواء فأعلمهم بالسنة، فإن كانوا في السنة سواء فأقدمهم هجرة، فإن كانوا في الهجرة سواء فأكبرهم سناً**»[2]، وفي لفظ: فأقدمهم مسلماً أي دخولاً في الإسلام.

ثانياً: مواطن الاجتماع والاتفاق:

واتفقوا: على جواز اقتداء المتنفل بالمفترض.

واتفقوا: على أنه لابد أن ينوي المأموم الائتمام.

واتفقوا: على أنه إذا اتصلت الصفوف ولم يكن بينها طريق أو نهر صح الائتمام.

واتفقوا: على أنه إذا وقف خلف الصف وحده مقتدياً بالإمام أن صلاته تجزيه، لكن مع الكراهة، إلا أحمد فإنه تبطل صلاة المنفرد خلف الصف وحده عنده، أخذاً بحديث وابصة بن معبد. وعن مالك رواية كمذهب أحمد رواها ابن وهب عنه[3].

وأجمعوا: على أن المصلي إذا وقف على يسار الإمام وليس عن يمينه أحد أن صلاته صحيحة إلا أحمد، فإنه قال: تبطل صلاته أيضاً.

وأجمعوا: على أن أقل الجمع الذي تنعقد به صلاة الجماعة في الفرض، غير الجمعة، اثنان: إمام ومأموم قائم عن يمينه.

---

(١) في الإفصاح: باب من أحق بالإمامة.

(٢) رواه مسلم وأحمد وغيرهما من حديث أبي مسعود عطية بن عمرو.

(٣) لم يرد لفظ عنه في الإفصاح.

باب قصر الصلاة[١]

أولاً: مقدمة عامة:

قصر الصلاة هو صلاة الرباعية ركعتين بالفاتحة والسورة، أما المغرب والصبح فلا تصير فيهما؛ لأن صلاة المغرب ثلاثية، وصلاة الصبح ثنائية، والقصر مشروع لقوله تعالى: ﴿ **وَإِذَا ضَرَبْتُمْ فِي الأَرْضِ فَلَيْسَ عَلَيْكُمْ جُنَاحٌ أَن تَقْصُرُوا مِنَ الصَّلاةِ** ﴾[٢]، وقد قصر رسول الله ﷺ الصلاة عند السفر إلى مسافة حوالي ثمانية وأربعين ميلاً.

واتفقوا: على القصر في السفر.

واتفقوا: كلهم على أن الصبح والمغرب لا يقصران.

واتفقوا: على أن الرخص من القصر والفطر تتعلق بالأسفار الواجبة والمباحة معاً.

واتفقوا: فيمن[٣] على أنه إذا سار لا يقصد جهة معينة: أنه لا يترخص، إلا ما حكي عن أبي حنيفة أنه إذا كان على هذه الحال، ثم سار مسيرة ثلاثة أيام فإنه يقصر الصلاة بعد ذلك.

---

(١) في الإفصاح باب صلاة القصر.

(٢) النساء: من الآية ١٠١.

(٣) هذه الكلمة ليست في الإفصاح.

باب جمع الصلاة[1]

وأجمعوا: على أن الصبح لا تجمع إلى غيرها.

وأجمع: القائلون بجواز الجمع الذي قدمنا وصفه على ما بيناه حضراً وسفراً[2] أن ذلك ينصرف إلى صلاتي[3] الظهر والعصر، وصلاتي المغرب والعشاء، وأن ذلك يجوز بشرط العذر - على اختلافهم في أنواعه والترتيب، والنية للجمع، والمواصلة بينهما، وأن له أن يؤخر الظهر إلى أول وقت العصر، ويعجل في آخر وقت الظهر، وينوي التأخير في أول وقت الأولى، إذا كان يريد تأخيرها إلى الثانية، والترتيب أن يصلي الظهر ثم العصر والمغرب، ثم العشاء، وأن لا يفصل بينهما بنفل ولا غيره، إلا أن يقيم للثانية[4] فإنه جائز.

فإذا أراد قصر ما يجوز قصره من الصلوات وهي الصلوات[5] الرباعيات الثلاث، وأراد الجمع احتاج إلى نية لهما، ويفصل بين كل صلاتين بالسلام[6].

---

(١) هذا العنوان ليس في الإنصاف.

(٢) في الإفصاح: أو سفراً.

(٣) هذا عن الإفصاح وفي اختلاف الأئمة: صلاة وليس صلاتي.

(٤) في الإفصاح: لها.

(٥) غير موجودة في الإفصاح.

(٦) في الإفصاح: بسلام.

باب صلاة(*) الجمعة

أولاً: مقدمة عامة:

صلاة الجمعة واجبة لقوله تعالى: ﴿**يَا أَيُّهَا الَّذِينَ آمَنُوا إِذَا نُودِيَ لِلصَّلَاةِ مِن يَوْمِ الْجُمُعَةِ فَاسْعَوْا إِلَىٰ ذِكْرِ اللَّهِ وَذَرُوا الْبَيْعَ**﴾[١] ولقوله ﷺ: «**لينتهين أقوام عن ودعهم الجمعات، أو ليختمن الله على قلوبهم، ثم ليكونن من الغافلين**»[٢] وقوله ﷺ: «**الجمعة حق واجب على كل مسلم في جماعة إلا على أربعة: عبد مملوك، أو امرأة، أو صبي، أو مريض**»[٣].

ثانياً: مواطن الإجماع والاتفاق:

واتفقوا: على وجوب الجمعة على أهل الأمصار.

واتفقوا: على أن الخطبتين شرط في انعقاد الجمعة، إلا أبا حنيفة فإنه قال: إذا قال الحمدلله ونزل كفاه ذلك، ولا يحتاج إلى غيره.

واتفقوا: على أن الجمعة لا تجب على صبي، ولا عبد، ولا مسافر، ولا امرأة إلا رواية عن أحمد رواها في العبد خاصة.

واتفقوا: على أن الأعمى إذا لم يجد قائداً لم تجب عليه.

واتفقوا: على أن القيام في الخطبتين مشروع.

واتفقوا: على أن السفر يوم الجمعة قبل صلاتها لا يستحب.

(*) هذه الكلمة عن الإفصاح وليست في هذه المخطوطة.

(١) الجمعة: آية ٩.

(٢) رواه مسلم من حديث ابن عمر وأبي هريرة رضي الله عنهما.

(٣) روه أبو داود في سننه وأخرجه الحاكم من حديث طارق بن شهاب عن أبي موسى وقد صححه غير واحد، والحديث صحيح ولكنه مرسل صحابي وهو حجة عند الجمهور. ويلاحظ أن الإسلام فتح أبواب العتق فزال الرق الآن كلية.

باب غسل الجمعة[1]

واتفقوا: على أن غسل الجمعة مسنون.

واتفقوا: على أنه ليس من شرط إدراك الجمعة إدراك الخطبة، ومن صلى الجمعة فقد صحت له الجمعة وإن لم يدرك الخطبة.

واتفقوا: على أن الفضيلة في إدراكها والاستماع إليها.

واتفقوا: على أنه إذا أدرك من الجمعة بسجدتيها وأضاف إليها أخرى صحت له جمعة.

واتفقوا: على أنه إذا فاتتهم صلاة الجمعة صلوا الظهر.

---

(١) هذا العنوان ليس في الإفصاح.

باب صلاة العيدين

أولاً: موجز عام:

صلاة العيدين: عيد الفطر وعيد الأضحى هي سنة مؤكدة كالواجب. قال تعالى: ﴿ **فَصَلِّ لِرَبِّكَ وَانْحَرْ** ﴾(١) وهي أساس فلاح المؤمن لقوله تعالى: ﴿ **قَدْ أَفْلَحَ مَن تَزَكَّىٰ ﴿١٤﴾ وَذَكَرَ اسْمَ رَبِّهِ فَصَلَّىٰ** ﴾(٢) وهي شعيرة من شعائر الإسلام، ووقتها من ارتفاع الشمس قيد رمح إلى الزوال، وقال جندب رضي الله عنه: «**كان النبي ﷺ يصلي بنا الفطر والشمس على قيد رمحين، والأضحى على قيد رمح**»(٣) وينبغي لها الغسل، والأكل قبل الخروج إلى صلاة عيد الفطر، والتكبير من ليلتي العيدين، والخروج إلى المصلى من طريق والرجوع من آخر، وأن تصلى في صحراء إلا لضرورة أو مطر، والتهنئة، وعدم الحرج في التوسع في الأكل والشرب. لقوله ﷺ في عيد الأضحى: «**أيام التشريق أيام أكل وشرب وذكر الله عز وجل**»(٤).

ثانياً: مواطن الإجماع والاتفاق:

واتفقوا: على أن صلاة العيدين مشروعة.

والعيد عند أهل اللغة إنما سمي عيداً لاعتياد الناس له كل حين، ومعاودته إياهم.

واتفقوا: على تكبيرة الإحرام في أولها.

واتفقوا: إلا أبا حنيفة ومالكًا - على الذكر بين كل تكبيرتين، من حمد لله سبحانه، والصلاة على النبي ﷺ، وقال أبو حنيفة ومالك: بل يوالي بين التكبيرات نسقاً.

---

(١) الكوثر: آية ٢.

(٢) الأعلى: الآيتان ١٤-١٥.

(٣) أورده الحافظ في التخليص.

(٤) رواه مسلم.

واتفقوا: على رفع اليدين من كل تكبيرة، إلا مالكًا فإنه قال: يرفعهما في تكبيرة الإحرام فقط، في إحدى الروايتين عنه، والرواية الأخرى كالجماعة.

واتفقوا: على أن التكبير في عيد النحر مسنون.

واتفقوا: على أن هذا التكبير في حق المحل والمحرم خلف الجماعات.

واتفقوا: على أنه لا يكبر خلف النوافل في هذه الأوقات، إلا في أحد قولي الشافعي أنه يكبر خلفها أيضًا.

واتفقوا: على أن السنة أن يصلي الإمام العيد في المصلى بظاهر البلد لا في المسجد، فإن[1] أقام لضعفة الناس وذوي العجز منهم من يصلي بهم في المسجد جاز، إلا الشافعية فإنهم قالوا: صلاتها في المسجد أفضل إذا كان المسجد واسعًا.

(١) في الإفصاح: وإن.

باب صلاة الخوف

أولاً: تمهيد عام:

صلاة الخوف مشروعة لقوله تعالى: ﴿ **وَإِذَا كُنتَ فِيهِمْ فَأَقَمْتَ لَهُمُ الصَّلاةَ فَلْتَقُمْ طَائِفَةٌ مِّنْهُم مَّعَكَ وَلْيَأْخُذُوا أَسْلِحَتَهُمْ فَإِذَا سَجَدُوا فَلْيَكُونُوا مِن وَرَائِكُمْ وَلْتَأْتِ طَائِفَةٌ أُخْرَىٰ لَمْ يُصَلُّوا فَلْيُصَلُّوا مَعَكَ وَلْيَأْخُذُوا حِذْرَهُمْ وَأَسْلِحَتَهُمْ** ﴾[١] وأشهر كيفياتها إذا كان القتال في السفر ما ورد في حديث سهل بن أبي حثمة من «**أن طائفة صفت مع النبي ﷺ، وطائفة وجاه العدو، فصلى بالتي معه ركعة، ثم ثبت قائماً فأتموا لأنفسهم ثم انصرفوا وجاه العدو، وجاءت الطائفة الأخرى فصلى بهم الركعة التي بقيت من صلاته ثم ثبت جالساً فأتموا لأنفسهم ثم سلم بهم**»[٢] أما إذا كان القتال في الحضر حيث لا قصر للصلاة فإن الطائفة الأولى تصلي ركعتين مع الإمام وركعتين وحدها، والإمام قائم، وتأتي الطائفة الأخرى فيصلي بها الإمام ركعتين ويثبت جالساً فتتم لنفسها ركعتين ثم يسلم بهم، وإذا اشتدّ القتال، ولم يكن من الممكن قسمة الجيش صلوا فرادى على أي حال ﴿ **فَإِنْ خِفْتُمْ فَرِجَالاً أَوْ رُكْبَانًا** ﴾ وقال ﷺ: «**وإن كانوا أكثر من ذلك فليصلوا قياماً وركباناً**»[٣].

ثانياً: مواطن الإجماع والاتفاق:

واتفقوا: على تأثير الخوف في كيفية الصلاة وصفتها دون ركعاتها، لقول الله سبحانه: ﴿ **وَإِذَا كُنتَ فِيهِمْ فَأَقَمْتَ لَهُمُ الصَّلاةَ فَلْتَقُمْ طَائِفَةٌ مِّنْهُم مَّعَكَ** ﴾ الآية،

---

(١) النساء: من الآية ١٠٢.

(٢) رواه مسلم.

(٣) رواه البخاري.

فذهب أبو حنيفة إلى اختيار ما رواه ابن عمر رضي الله عنهما، وهو أن: يجعلهم الإمام طائفتين: طائفة وجاه العدو، وطائفة أخرى خلفه، فيصلي بالأولى - وهي الطائفة التي خلفه - ركعة وسجدتين، فإذا رفع رأسه من السجدة الثانية مضت هذه الطائفة إلى وجه العدو، وجاءت تلك الطائفة وأحرمت معه فصلى بهم الإمام ركعة وسجدتين، وتشهد وسلم، ولم يسلموا، وذهبوا إلى وجه العدو، وجاءت الطائفة الأولى فصلوا ركعة وسجدتين بغير قراءة، وتنصرف إلى مقامها، وتجيء الثانية فتصلي ركعة وسجدتين بقراءة وتشهد ويسلموا.

وذهب مالك والشافعي وأحمد إلى ما رواه سهل بن أبي حثمة في صلاة الخوف، وقد سبق في هذا الكتاب ذكره[1]، وهو أن يفرقهم طائفتين، طائفة بإزاء العدو، وطائفة خلفه، فيصلي بالطائفة التي خلفه ركعة، ويلبث قائماً، وتتم الطائفة لأنفسها أخرى بالحمد وسورة، وتسلم، ثم تمضي لتحرس، وتجيء الطائفة التي كانت موازية للعدو، فيصلي بهم الركعة الثانية ويجلس للتشهد، وتتم لأنفسها الركعة الأخرى بالحمد وسورة، ويطيل الإمام التشهد حتى يتموا التشهد، ثم يسلم بهم، إلا أن مالكًا قد رويت عنه رواية ثانية: أن الإمام يسلم ولا ينتظر الطائفة حتى يسلم بهم.

وهذه الصلاة مع اختلافهم في صفتها فإنهم أجمعوا: على أن هذا إنما يجوز بشرائط ثلاثة: منها أن يكون العدو في غير جهة القبلة، بحيث لا يمكن الصلاة حتى يستدبر العدو أو يكون عن يمينه وشماله، وأن يكون العدو غير مأمونين[2] إن تشاغل المسلمون عن قتالهم أن يكبوا عليهم، وأن يكون بالمسلمين كثرة يمكن تفريقهم

(١) هذه الإشارة هي إشارة إلى كتاب (معاني الصحاح) الذي اختصر منه ذلك الكتاب.

(٢) في المخطوطة الماثلة غير مؤمنين غير مأمونين، والإفصاح أصح فاتبعناه.

فرقتين[١]: فرقة بمقابلة العدو، وأخرى خلف الإمام، إلا أبا حنيفة وحده، فإنه لم يعتبر أن يكون العدو في غير جهة القبلة، بل في أي جهة كان العدو جازت صلاة الخوف عنده إذا كان يخاف منهم المفاجأة.

وأجمعوا: على أن صلاة الخوف ثابتة الحكم بعد موت النبي ﷺ ولم تنسخ.

وأجمعوا: على أن صلاة الخوف في الحضر أربع ركعات غير مقصورة، وفي السفر ركعتان إذا كانت رباعية، وغير الرباعيات على عددها، لا يختلف حكمها حضراً ولا سفراً ولا خوفاً.

وأجمعوا: على أن جميع الصفات المروية عن النبي ﷺ في صلاة الخوف معتد بها، وإنما الخلاف بينهم في الترجيح، إلا الشافعي، في أحد قوليه، فإنه يقول: إن صلاها على ما ذهب إليه أبو حنيفة، في رواية ابن عمر، : لم تصح الصلاة، حكاها عنه أبو الطيب، طاهر بن عبدالله الطبري.

واتفقوا: على أن حمل السلاح عند صلاة الخوف مشروع.

واتفقوا: على أنه لا يجوز لبس الحرير للرجال في غير الحرب.

---

(١) هذا عن الإفصاح وهو أصح، أما مخطوطة اختلاف الأئمة فالعبارة فيها: وأن يكون بالمسلمين (كسرة) تمكن تفرقهم فرقتين.

باب صلاة الكسوف

أولاً: تمهيد عام:

صلاة الكسوف سنة مؤكدة في حق الرجال والنساء، وقد أمر بها رسول الله ﷺ بقوله: «**إن الشمس والقمر آيتان من آيات الله لا تخسفان لموت أحد ولا لحياته، فإذا رأيتم ذلك فصلوا**»(١).

ثانياً: مواطن الإجماع والاتفاق:

واتفقوا: على أن صلاة كسوف(٢) الشمس سنة مؤكدة يسن لها الجماعة.

قال اللغويون: الكسوف من كسف الشيء إذا ذهب ضوؤه ونوره، والخسوف هو من الغيوب، يقال: انخسف البئر إذا انخرق قعرها.

---

(١) رواه البخاري.

(٢) في هذه المخطوطة: الكسوف، والأصح لغة ما ورد في الإفصاح فأثبتناه.

باب صلاة الاستسقاء(*)

أولاً: مقدمة عامة:

صلاة الاستسقاء سنة مؤكدة، وقد فعلها رسول الله ﷺ وخرج لها إلى المصلى.

قال عبدالله بن يزيد: «**خرج النبي ﷺ يستسقي، فتوجه إلى القبلة وحول رداءه ثم صلى ركعتين جهر فيهما بالقراءة**»(١).

ثانياً: مواطن الإجماع والاتفاق:

واتفقوا: على أن الاستسقاء، وهو طلب السقيا، والدعاء والسؤال والاستغفار مسنون.

واتفقوا: على أنه إذا خاف الناس من زيادة الغيث الضرر، فإنه يسن الدعاء لكشفه من غير صلاة.

(*) هذا العنوان ليس في مخطوطة اختلاف الأئمة.

(١) متفق عليه.

باب صلاة الجنائز وما يتعلق بالميت

أولاً: مقدمة عامة:

فروض صلاة الجنازة هي القيام للقادر عليه، والنية لقوله ﷺ في حديث عمر بن الخطاب رضي الله عنه: «**إنما الأعمال بالنيات**»[١] وقراءة الفاتحة أو الحمد والثناء على الله، والصلاة والسلام على النبي، والتكبيرات الأربع والدعاء والسلام.

ثانياً: مواطن الاجتماع والاتفاق:

واتفقوا: على استحباب ذكر الموت والوصية لمن له أو عليه، ما[٢] يفتقر إلى الإيصاء به، من أمانة[٣] وضيعة وغير ذلك مع الصحة، وعلى تأكيدها عند المرض.

ذكر الغسل للميت[٤]

أولاً: مقدمة عامة:

الصفة المستحبة لغسل الميت أن يوضع على شيء مرتفع، ويتولى غسله أمين صالح، لقوله ﷺ: «**ليغسل موتاكم المأمونون**» فيعصر بطنه برفق لإخراج الأذى، ثم يلف على يده خرقة وينوي غسله، ثم يغسل فرجه وما به من أذى، ثم ينزع الخرقة، ويوضئه وضوء الصلاة، ثم يغسل سائر جسده ثلاثًا بادئًا بأعلاه إلى أسفل، وإن لم يحصل نقاء غسله خمساً، ويجعل في الغسلات الأخيرة صابوناً أو ما إلى ذلك.

---

(١) سبق تخريجه.

(٢) هذا السياق أصح من سياق الإفصاح وفيه (لمن له أو عنده - يفتقر إلى).

(٣) في الإنصاف من أمانة وضيعة.

(٤) ليس موجوداً في اختلاف الأئمة.

ثانياً: مواطن الإجماع والاتفاق:

واتفقوا: على أن غسل الميت مشروع، وأنه من فروض الكفايات، إذا قام به قوم سقط عن الباقين[1]، وكذلك قولهم في الصلاة على الميت: غير الشهيد.

واتفقوا: على أن للزوجة أن تغسل زوجها.

واتفقوا: على أن السقط إذا لم يبلغ أربعة أشهر لم يصل عليه.

واتفقوا: على أنه إذا تيقن الموت وجه الميت إلى القبلة.

واتفقوا: على أن الشهيد المقتول في المعركة لا يغسل.

واتفقوا: على أن النفساء تغسل ويصلى عليها.

واتفقوا: على أن من رفسته دابة فمات، أو عدا عليه سلاحه، أو تردى من جبل، أو في بئر فمات في معركة المشركين: أنه يغسل ويصلى عليه، خلافاً للشافعي في قوله: لا يغسل ولا يصلى عليه.

واتفقوا: على أن الواجب من الغسلات ما تحصل به الطهارة، وأن المسنون منها الوتر، وأن السنة أن يكون في الأولى في الماء السدر، وفي الآخرة الكافور.

واتفقوا: على وجوب تكفين الميت، وأنه مقدم على الدين والورثة.

---

(١) في مخطوطة اختلاف الأئمة: الباقون وهو خطأ لغوي فاحش.

باب من أحق بالإمامة على الميت

مواطن الإجماع والاتفاق:

واتفقوا: على جواز الصلاة على الميت في المسجد، مع الكراهة[1] عند أبي حنيفة ومالك، وقال الشافعي وأحمد: يجوز[2] من غير كراهية.

واتفقوا: على أن قاتل نفسه، والغال يصلي عليه المسلمون، عدا إمامهم.

واتفقوا: على أن من شرط صحة الصلاة على الجنازة الطهارة، وستر العورة.

وأجمعوا: على أن الدفن بالليل لا يكره، وأنه بالنهار أمكن.

واتفقوا: على أنه لا يسرح شعر الميت، إلا الشافعي فإنه قال: يسرح تسريحًا خفيفًا.

واتفقوا: على أنه يضفر شعر المرأة ثلاثة قرون، ويلقى من خلفها، إلا أبا حنيفة فإنه قال: ترسله الغاسلة غير مضفور بين يديها من الجانبين ثم تسدل خمارها عليه.

وأجمعوا: على أن الميت إذا مات وهو غير مختون. أن يترك على حاله ولا يختن.

---

(١) في الإفصاح: الكراهية.

(٢) هذه الكلمة مضافة من الإنصاف لزيادة البيان.

باب الشهيد[١]

وأجمعوا: على أن الدفن في التابوت لا يستحب لا للرجال ولا للنساء[٢].

واتفقوا: على أن التكبير على الميت أربع، يقرأ في الأولى الفاتحة، وفي الثانية الصلاة على النبي ﷺ، وفي الثالثة الدعاء للميت وللمسلمين، وفي الرابعة يسلم عن يمينه، إلا أن أبا حنفية ومالكًا قالا: في التكبيرة الأولى حمد الله والثناء عليه. وليس فيها قراءة.

واتفقوا: على أن القيام في الصلاة على الجنازة مشروع.

ثم اتفقوا: على أنه[٣] من شروط الصلاة إلا أبا حنيفة فإنه قال:

ليس من شروط صحتها، لكنه فرض مثل سائر الفروض التي تسقط بالعذر، وفائدة الخلاف[٤] معه أن الوالي إذا كان مريضًا فصلى بهم قاعدًا جاز عند أبي حنيفة، وصحت الصلاة.

واتفقوا: على أن السنة اللحد، وأن الشق ليس بسنة. وصفة اللحد أن يحفر مما يلي قبلة القبر لحد، ليكون الميت تحت قبلة القبر إذا نصب اللبن، إلا أن تكون الأرض رخوة فيتخذ لها من الحجارة شبيهًا باللحد، ولا يلحد منها لئلا يخر على الميت القبر. وصفة الشق: أنه يبنى من جانبي القبر بلبن أو حجر، ويترك وسط القبر كأنه تابوت ويرفع بحيث إذا جعل فيه الميت وسقف عليه لم يباشر السقف الميت، وقال الشيخ أبوإسحاق، في التنبيه،: السنة اللحد، فإن كانت الأرض رخوة شق له.

---

(١)، (٢) غير موجودين في الإفصاح.

(٣) في الإفصاح وأجمعوا: على أن التكبير على الميت أربع.

(٤) في الإفصاح: أنه ليس، وهو خطأ بدلالة ما بعده.

(٥) في الإفصاح: الاختلاف.

واتفقوا: على استحباب تعزية أهل الميت.

وأجمعوا: على استحباب اللبن والقصب في القبر وكراهة الآجر والخشب.

واتفقوا: على أن الاستغفار للميت يصل إليه ثوابه، وأن ثواب الصدقة والعتق والحج إذا جعل للميت وصل إليه.

باب الزكاة

أولاً: مقدمة عامة

الزكاة هي ركن من أركان الإسلام، فرضها الله تعالى بقوله سبحانه: ﴿**خُذْ مِنْ أَمْوَالِهِمْ صَدَقَةً تُطَهِّرُهُمْ وَتُزَكِّيهِم بِهَا**﴾[1] وقوله جل شأنه: ﴿**أَنفِقُوا مِن طَيِّبَاتِ مَا كَسَبْتُمْ**﴾[2] وقوله عز وجل: ﴿**وَأَقِيمُوا الصَّلَاةَ وَآتُوا الزَّكَاةَ**﴾[3] ودليلها من السنة قوله ﷺ: «**بني الإسلام على خمس: شهادة ألا إله إلا الله وأن محمداً رسول الله، وإقام الصلاة، وإيتاء الزكاة وحج البيت وصوم رمضان**»[4]. ويقول ﷺ: «**أمرت أن أقاتل الناس حتى يشهدوا أن لا إله إلا الله وأن محمداً رسول الله ويقيموا الصلاة ويؤتوا الزكاة، فإذا فعلوا ذلك عصموا مني دماءهم وأموالهم إلا بحق الإسلام وحسابهم على الله**»[5] وللزكاة حكم تشريعية وأحكام عديدة لا يتسع المجال لها الآن[6].

ثانياً: مواطن الإجماع والاتفاق

وأجمعوا: على أن الزكاة أحد أركان الإسلام، وفرض من فروضه. قال الله تعالى: ﴿**وَأَقِيمُوا الصَّلَاةَ وَآتُوا الزَّكَاةَ**﴾[7].

وقال الله عز وجل: ﴿**وَمَا أُمِرُوا إِلَّا لِيَعْبُدُوا اللَّهَ مُخْلِصِينَ لَهُ الدِّينَ حُنَفَاءَ وَيُقِيمُوا الصَّلَاةَ وَيُؤْتُوا الزَّكَاةَ**﴾[8]

---

(١) التوبة: من الآية ١٠٣.

(٢) البقرة: من الآية ٢٦٧.

(٣) النساء: من الآية ٧٧.

(٤) متفق عليه.

(٥) متفق عليه.

(٦) انظر كتابنا بيان الحكمة في التشريع الإسلامي ومقالاً بنفس العنوان بمجلة البحوث الإسلامية ع ٣٤.

(٧) سورة النساء: من الآية ٧٧.

(٨) البينة: الآية ٥.

قال القتيبي: أصل الزكاة: النماء والزيادة، وسميت بذلك لأنها تثمر المال وتنميه، يقال: زكا الزرع إذا كثر ريعه، وزكت النفقة إذا بورك فيها، ومنه قوله تعالى: ﴿أَقَتَلْتَ نَفْسًا زَكِيَّةً﴾ [1] أي نامية.

وأجمع الفقهاء: على وجوب الزكاة في أربعة أصناف من[2] المواشي، وجنس الأثمان، وعروض التجارة، والمكيل المدخر من النبات والثمار[3]، بصفات مخصوصة، فنبدأ بذكر ما فيه زكاة من كل صنف منها، ثم بما[4] اختلفت فيه، ثم بما لا زكاة فيه إن شاء الله تعالى.

فأما المواشي فأجمعوا: على وجوب الزكاة في الإبل، والبقر، والغنم، وهي بهيمة الأنعام، بشرط أن تكون سائمة، وأجمعوا: على أن الزكاة في كل جنس من هذه الأجناس الثلاثة تجب بكمال النصاب، واستقرار الملك، وكمال الحول، وكون المالك حراً مسلماً.

واختلفوا: هل يشترط البلوغ والعقل؟ فقال مالك والشافعي وأحمد: لا يشترط البلوغ ولا العقل، بل الزكاة واجبة في مال الصبي والمجنون، وقال أبو حنيفة: يشترط ذلك، ولا تجب عنده زكاة في مال صبي ولا مجنون.

واتفقوا: على أن الزكاة لا تجب في شيء من ذلك كله مع وجود هذه الشرائط إلا أن يكون السوم[5] صفة لها، إلا مالكاً فإنه أوجب الزكاة في العوامل من الإبل والبقر والمعلوفة من الغنم[6] كإيجابه ذلك في السائمة منها والهوامل.

---

(١) الكهف: الآية ٧٤.

(٢) في اختلاف الأئمة: والمواشي.

(٣) في الإفصاح: الثمار والزرع.

(٤) غير موجود في الإفصاح وهي لازمة.

(٥) في الإفصاح: رسوم وهو خطأ.

(٦) في الإفصاح: من الإبل والبقر المعلوفة وهو خطأ والصحيح ما ورد في المتن أي قصر صفة المعلوفة على الغنم.

وأجمعوا: على أن النصاب الأول في الإبل خمس، وأن في خمس منها شاة، وفي عشر شاتين وفي خمس عشر ثلاث شياه، وفي العشرين أربع شياه إلى خمس وعشرين، فإذا بلغت خمساً وعشرين ففيها ابنة مخاض، إلى خمس وثلاثين، فإذا بلغت ستا وثلاثين ففيها ابنة لبون إلى خمس وأربعين، فإذا بلغت ستاً وأربعين ففيها حقة إلى ستين، فإذا بلغت إحدى وستين ففيها جذعة، إلى خمس وسبعين، فإذا بلغت ستاً وسبعين ففيها بنتا لبون، إلى تسعين، فإذا بلغت إحدى وتسعين ففيها حقتان، إلى عشرين ومائة، فإذا زادت على عشرين ومائة واحدة، فإن الفقهاء حينئذ اختلفوا:

فقال أبو حنيفة: يستأنف الفريضة بعد العشرين ومائة، ففي كل خمس شاة مع الحقتين إلى مائة وخمس وأربعين، فيكون الواجب فيها حقتين وبنت مخاض، ثم قال: فإذا بلغت مائة وخمسين ففيها ثلاث حقاق ويستأنف الفريضة بعد ذلك، فيكون في كل خمس شاة مع ثلاث حقاق، وفي العشر شاتان، وفي خمس عشرة ثلاث شياه، وفي عشرين أربع شياه، وفي خمس وعشرين ابنة مخاض، وفي ست وثلاثين ابنة لبون، فإذا بلغت مائة وستة وتسعين، ففيها أربع حقاق، إلى مائتين، ثم يستأنف الفريضة أبداً كما يستأنف في الخمسين التي بعد المائة والخمسين.

وقال الشافعي وأحمد، في أظهر روايتيه،: إن زيادة الواحدة تغير الفرض، فيكون في مائة وإحدى وعشرين ثلاث بنات لبون، وتستقر الفريضة عند مائة وعشرين، فيكون في كل خمسين حقة، وفي كل أربعين بنت لبون، وعلى هذا قال الوزير أيده الله[1]: وهذا هو الصحيح عندي. وعن أحمد، رواية أخرى، أنه لا يتغير الفرض إلا بزيادة عشرة، فلا شيء في زيادتها حتى تبلغ ثلاثين ومائة، فتكون الحقتان في إحدى

---

(١) غير موجودة في الإفصاح.

وتسعين إلى مائة وتسعة وعشرين، فإذا صارت مائة وثلاثين، ففيها حقة وبنتا لبون، وهي[1] اختيار عبدالعزيز من أصحابه، وبها يقول أبو عبيد [القاسم بن سلام] ومحمد بن إسحاق.

وعن مالك روايتان كالروايتين عن أحمد سواء، إلا أن أظهرهما عند أصحابه وما رواه ابن القاسم وابن عبدالحكم وغيرهما: أنها إذا زادت على عشرين ومائة فالساعي بالخيار بين أن يأخذ ثلاث بنات لبون أو حقتين، والرواية الأخرى رواها عبدالملك بن عبدالعزيز أنه لا يتغير الفرض إلا بزيادة عشرة، حتى تصير ثلاثين ومائة، فإن صارت كذلك أخذ من كل خمسين حقة، ومن كل ثمانين بنتا لبون، قال أصحابه: وهذا فكأنه أصح قياساً.

وأجمعوا: على أن البخاتي والعراب، والذكور والإناث في ذلك سواء.

وأجمعوا: على أنه يؤخذ من الصغار صغيرة، ومن المراض مريضة، وأن الحامل إذا أخرجها مكان الحايل جاز، إلا مالكًا، قال: يؤخذ من[2] المراض صحيحة، ومن[3] الصغار كبيرة، وأن الحامل لا تجزي عن الحائل، وقال الشافعي: إنما يؤخذ من الصغار صغيرة، في الغنم خاصة ولأصحابه في العجول والفصلان وجهان.

واتفقوا: على أن النصاب الأول في البقر ثلاثون، وأنه إذا بلغتها ففيها تبيع أو تبيعه، فإذا بلغت أربعين ففيها مسنة.

واتفقوا: على أن الجواميس والبقر في ذلك سواء.

---

(١) في الإفصاح: في.

(٢) في الإفصاح: عن، والأصح ما ورد هنا.

(٣) ليس في الإفصاح.

واتفقوا: على أن من ملك نصابًا من بقر الوحش سائمة أنه لا زكاة فيها، إلا أحمد، في إحدى الروايتين عنه، فإنه أوجب فيها الزكاة.

واتفقوا: على أن الخيل إذا كانت معدة للتجارة ففي قيمتها الزكاة، إذا بلغت نصابًا.

واتفقوا: على أن البغال والحمير إذا كانت معدة للتجارة فإن فيها الزكاة وأن حكمها حكم التجارات في اعتبار الحول والنصاب في التقويم.

واتفقوا: على أنها إذا لم تكن للتجارة فلا زكاة فيها.

باب زكاة المال[1]

وأجمعوا: على أن أول النصاب في الغنم أربعون، فإذا بلغتها ففيها شاة ثم لا شيء في زيادتها إلى أن تبلغ مائة وعشرين، فالواجب فيها شاة فإذا زادت واحدة ففيها شاتان إلى المائتين، فإذا زادت على المائتين واحدة فيها ثلاث شياه، إلى ثلثمائة، فإذا بلغت أربعمائة ففيها أربع شياه، ثم في كل مائة شاة، وعلى هذا الضأن والمعز سواء.

واتفقوا: على أن الخلطة لها تأثير في وجوب الزكاة في المواشي، إلا أبا حنيفة فإنه قال: لا تأثير لها في ذلك.

واتفقوا: على أن النصاب يعتبر في الزروع والثمار، إلا أبا[2] حنيفة فإنه قال: لا يعتبر فيه النصاب، بل يجب العشر في قليله وكثيره، ومقدار النصاب فيها خمسة أوسق، والوسق ستون صاعًا، والصاع خمسة أرطال وثلث، عند مالك والشافعي وأحمد، وهم الذين يرون اعتبار النصاب، فيكون مقدار نصابه ألف رطل وستمائة رطل بالبغدادي، واختلفوا في الجنس الذي يجب فيه الحق، ما هو: وما قدر الواجب فيه، فقال أبو حنيفة: يجب في كل ما أخرجت الأرض من قليله وكثيره العشر، سواء سقي سيحًا أو سقته السماء، إلا الحطب والحشيش والقصب خاصة، وقال مالك والشافعي: الجنس الذي يجب فيه الحق: هو ما ادخر واقتيت كالحنطة والشعير والأرز وغيره، وقال أحمد: يجب العشر في كل ما يكال ويدخر من الزروع والثمار، ففائدة الخلاف بين مالك الشافعي وأحمد: أن أحمد يجب عنده العشر في السمسم، وبذر

(١) ليس في الإفصاح.

(٢) في اختلاف الأئمة: أبي، وهو خطأ والأصح ما نقلناه عن الإفصاح.

الكتان والكمون، والكراويا، والخردل، واللوز، والفستق، وعندهما: لا يجب فيه، وفائدة الخلاف مع أبي حنيفة: أن عنده يحب في الخضروات كلها الزكاة، وعند مالك والشافعي وأحمد: لا زكاة فيها، ومقدار الواجب فيما يجب فيه الزكاة من ذلك عند أبي حنيفة ومالك والشافعي وأحمد - على اختلافهم فيه كما ذكرنا - العشر مع كونه يُسقى سيحًا بغير مؤنة، أوكان سقيه من السماء، وإن كان يسقى بالنواضح والكلف فنصف العشر.

وأجمعوا: على أن أول النصاب في أجناس الأثمان: وهي الذهب والفضة مضروبًا أو مكسورًا، أو بترًا، أو نقرة: عشرون دينارًا من الذهب ومائتان درهم من الفضة.

فإذا بلغت الدراهم: مائتي درهم، والذهب عشرين دينارًا وحال عليه الحول ففيه ربع العشر.

واتفقوا: على أنه إذا خالف واتخذ أواني الذهب والفضة واقتناها، فقد عصى الله سبحانه وتعالى، وفيها الزكاة.

واتفقوا: على أن تكميل نصابها إنما يكون بوزنها.

وأجمعوا: على أن في العروض إذا كانت للتجارة كائنة ما كانت: الزكاة إذا بلغت قيمتها نصابًا من الذهب أو الورق[1]، ففيه ربع العشر.

واتفقوا: على أنه يجوز تعجيل الزكاة قبل الحول، إذا وجب النصاب، إلا مالكًا فإنه قال: لا يجوز تعجيل الزكاة.

واتفقوا: على أنه لا يجوز دفع القيم في الزكوات، إلا أبا حنيفة، فإنه قال: يجوز.

وأجمعوا: على أن المكاتب لا زكاة عليه في ماله.

---

(١) في اختلاف الأئمة: الورق أو الذهب، واخترنا البدء بالذهب.

واتفقوا: على أنه يجوز لرب الأموال الباطنة إخراجها بنفسه، وله دفعها إلى الإمام.

باب العشر(١)

واتفقوا: على أنه لا يعتبر الحول في زكاة المعدن، إلا في أحد قولي الشافعي أنه يعتبر فيه الحول.

واتفقوا: على اعتبار النصاب في المعدن، إلا أبا حنيفة فإنه قال: لا يعتبر فيه النصاب، بل يجب في قليله وكثيره الخمس.

(١) هذا العنوان ليس في الإفصاح.

باب ما جاء في الركاز[1]

مواطن الإجماع والاتفاق:

واتفقوا: على وجوب الخمس في الركاز وهو دفين[2] الجاهلية في جميع الأشياء، إلا الشافعي فإنه قال، في الجديد من قوليه، لا يجب الخمس فيه إلا في الذهب والفضة خاصة، وهو مذهب مالك؛ وقال أبو حنيفة: إن وجده في صحراء دار الحرب فلا خمس فيه، وهو لواجده.

واتفقوا: على أنه لا يعتبر فيه النصاب، إلا في أحد قولي الشافعي: إنه يعتبر فيه.

واتفقوا: على أنه لا يعتبر فيه الحول.

واتفقوا: على أنه لا تجب الزكاة في كل ما يخرج من البحر، من لؤلؤ ومرجان، وزبرجد، وعنبر، ومسك، وغيره، ولو بلغت قيمته نصاباً إلا في إحدى الروايتين عن أحمد: إذا بلغ ما يخرج من ذلك نصاباً ففيه الزكاة، ووافقه أبو يوسف في اللؤلؤ والعنبر.

وأجمعوا: على أنه ليس في دور السكنى، وثياب البدن، وأثاث المنزل، ودواب الركوب، وعبيد الخدمة، وسلاح الاستعمال زكاة.

واتفقوا: على أن من امتنع من الزكاة مستحلاً لذلك، غير معتقد لوجوبها أنه كافر إذا كان ممن ليس بحديث عهد بالإسلام، فإن كان حديث عهد بإسلام، عرف وبصر، فإن لم يقر: قتل بعد استتابته.

---

(١) هذا العنوان من الإفصاح وهو ليس في اختلاف الأئمة.

(٢) في الإفصاح: دفين.

باب زكاة الفطر[1]

مواطن الإجماع والاتفاق:

واتفقوا: على وجوب زكاة الفطر على الأحرار المسلمين.

ثم اختلفوا: في صفة من تجب عليه منهم؟ فقال مالك والشافعي وأحمد: هو من يكون عنده فضل عن قوت يوم العيد وليلته لنفسه وعياله الذين يلزمه مؤنتهم بمقدار زكاة الفطر، فإذا كان كذلك وعنده لزمته. وقال أبو حنيفة: لا تجب إلا على من يملك نصابًا أو ما قيمته نصاب، فاضلاً عن مسكنه وأثاثه وثيابه وفرسه وسلاحه وعبيده.

واتفقوا: على أن من كان مخاطبًا بزكاة الفطر، على اختلافهم في صفته، أنه يجب عليه زكاة الفطر عن نفسه وعن غيره من أولاده الصغار ومماليكه المسلمين الذين ليسوا للتجارة.

واختلفوا: في وقت وجوبها على من تجب عليه؟ فقال أبو حنيفة: تجب بطلوع الفجر من أول يوم من شهر[2] شوال. وقال أحمد: تجب بغروب الشمس من آخر يوم في شهر رمضان. وعن مالك والشافعي كالمذهبين: الجديد من قولي الشافعي كمذهب أحمد.

واتفقوا: على أنها لا تسقط عمن وجبت عليه بتأخير أدائها وهي دين عليه حتى يؤديها.

واتفقوا: على أنه يجزئ إخراجها من خمسة أصناف: البر والشعير والتمر

(١) في اختلاف الأئمة: باب صدقة الفطر، وآلينا عنوان الإفصاح.

(٢) ليست في الإفصاح.

والزبيب والأقط، إذا كان قوتًا حيث يخرج، إلا في أحد قولي الشافعي في الأقط خاصة: إنه لا يجزئ وإن كان قوتًا لمن يعطاه، والمشهور من مذهبه جوازه.

واتفقوا: على أنه صاع من كل جنس من الأجناس الخمسة، إلا أبا حنيفة فإنه قال: يجزيه من البر خاصة نصف صاع.

ثم اختلفوا: في قدر الصاع، فقال أبو حنيفة: ثمانية أرطال بالعراقي وقال مالك والشافعي وأحمد: خمسة أرطال وثلث بالعراقي.

واتفقوا: على أنه يجب على الابن الموسر - وإن سفل - زكاة الفطر عن أبويه - وإن علوا إذا كانا معسرين، إلا أبا حنيفة فإنه قال: لا يجب عليه ذلك، وقال مالك: لا يجب عليه الإخراج عن أجداده خاصة.

واتفقوا: على أنه لا يلزمه زكاة الفطر عمن يتبرع بنفقته، إلا أحمد فإنه قال: إن تطوع بنفقة شخص مسلم لزمته زكاته.

واتفقوا: على أنه لا يلزم المكاتب أن يخرج عن نفسه زكاة الفطر من المال الذي في يده، إلا أحمد فإنه قال: يلزمه، وقد حكى عن مالك والشافعي في القديم: أن السيد يزكي عنه.

واتفقوا: على أنه يلزم الزوج إخراج فطرة زوجته، إلا أبا حنيفة فإنه قال لا يلزمه ذلك.

واتفقوا: على أنه يجب على السيد أن يخرج زكاة الفطر عن عبيده الذين للتجارة، إلا أبا حنيفة فإنه قال: لا يجب عليه ذلك.

واتفقوا: على أنه لا يجب على السيد أن يخرج زكاة الفطر عن عبيده الكفار إلا أبا حنيفة، فإنه قال: يجب عليه ذلك.

واتفقوا: على أن العبد إذا كان بين مالكين، فإنه يلزمهما عنه صدقة الفطر، إلا أبا حنيفة، فإنه قال: لا يلزمهما شيء.

واختلف: موجبو الزكاة عليهما، في مقدار ما يجب على كل واحد منهما فقال مالك والشافعي: يلزم كل واحد منهما نصف صاع، وعن أحمد روايتان: إحداهما يجب على كل واحد منهما صاع كامل، والأخرى كمذهبهما.

واتفقوا: على أنه يجب على الأب إخراج زكاة الفطر عن أولاده الكبار إذا كانوا في عياله، إلا أبا حنيفة، فإنه قال: لا يجب عليه ذلك.

واتفقوا: على أنه يجوز أن يعجل زكاة الفطر قبل العيد بيوم أو بيومين.

واتفقوا: على أنه لا يجوز إخراج القيمة في زكاة الفطر، إلا أبا حنيفة فإنه قال: يجوز.

باب تفرقة الزكاة

مواطن الإجماع والاتفاق:

واتفقوا: على أنه يجوز دفع الصدقات في صنف واحد من الأصناف الثمانية، إلا الشافعي فإنه قال: لا يجوز إلا استيعاب الأصناف، إلا أن يُعدم[١] منهم أحد فيوفر حظه على الباقين، في أحد القولين، والقول الآخر: أن ينقل إلى ذلك الصنف من أقرب البلاد إليه، وأقل ما يجزى عنده من كل صنف أقل الجمع، وهو ثلاثة.

واتفقوا: على دفع الزكاة إلى ثمانية أصناف، المذكورة في القرآن، وهم: الفقراء، والمساكين، والعاملون عليها، والمؤلفة قلوبهم، وفي الرقاب، وهم المكاتبون، عند الكل سوى مالك، والغارمون، وهم المدينون، وفي سبيل الله، وهم الغزاة، وابن السبيل، وهم المسافرون.

وصفة الفقير عند مالك وأبي حنيفة: أنه الذي له بعض كفايته ويعوزه باقيها، وصفة المسكين عندهما: أنه الذي لا شيء له، وقال الشافعي وأحمد: بل الفقير الذي لا شيء له، والمسكين هو الذي له بعض ما يكفيه.

قال الوزير يحيى بن محمد: وهو الصحيح عندي؛ لأن الله عز وجل بدأ به فقال: ﴿ لِلْفُقَرَاءِ وَالْمَسَاكِينِ ﴾.

وأجمعوا: على أنه إذا استغنى أهل بلده عنها جاز نقلها إلى من هو أهلها.

واتفقوا: على أنه لا يجوز دفع الزكاة إلى أهل الذمة.

واتفقوا: على أن الصدقة المفروضة حرام على بني هاشم، وهم خمس بطون: آل العباس، وآل علي، وآل جعفر، وآل عقيل، وولد الحارث بن عبد المطلب.

---

(١) في الإفصاح: يقدم.

واتفقوا: على أنه لا يجوز إخراج الزكاة إلى كافر.

واتفقوا: على أنه لا يجوز إخراج الزكاة إلى الوالدين والمولودين: علوا أو سفلوا، إلا مالكًا فإنه قال في الجد والجدة فمن وراءهما: يجوز دفعها إليهم، وكذلك إلى بني البنين لسقوط نفقتهم عنده.

واتفقوا: على أنه لا يجوز إخراج الزكاة المفروضة إلى مكاتبه، ولا إلى عبده.

واتفقوا: على أنه لا يجوز أن يخرج الرجل زكاته إلى زوجته.

واتفقوا: على أنه لا يجوز أن يخرج الزكاة إلى بناء مسجد، ولا تكفين ميت، وإن كان من القُرَبِ لتعين الزكاة لما عينت له.

كتاب الصوم(*)

أولاً: مقدمة عامة:

الصوم شرعًا هو الإمساك، بنية التعبد، عن الأكل والشرب، وغشيان النساء، وسائر المفطرات من طلوع الفجر إلى غروب الشمس، وقد فرضه الله تعالى على المسلمين، كما فرضه على من سبق أمة الإسلام بقوله سبحانه: ﴿**يَا أَيُّهَا الَّذِينَ آمَنُوا كُتِبَ عَلَيْكُمُ الصِّيَامُ كَمَا كُتِبَ عَلَى الَّذِينَ مِن قَبْلِكُمْ لَعَلَّكُمْ تَتَّقُونَ**﴾[١] وللصوم فضائل وفوائد ومستحبات وأحكام مفصلة لا يتسع لها المجال الآن[٢].

ثانيًا: مواطن الإجماع والاتفاق:

وأجمعوا: على أن صيام شهر رمضان أحد أركان الإسلام، وفرض من فروضه. قال الله عز وجل: ﴿**شَهْرُ رَمَضَانَ الَّذِي أُنزِلَ فِيهِ الْقُرْآنُ هُدًى لِّلنَّاسِ وَبَيِّنَاتٍ مِّنَ الْهُدَىٰ وَالْفُرْقَانِ فَمَن شَهِدَ مِنكُمُ الشَّهْرَ فَلْيَصُمْهُ وَمَن كَانَ مَرِيضًا أَوْ عَلَىٰ سَفَرٍ فَعِدَّةٌ مِّنْ أَيَّامٍ أُخَرَ**﴾[٣].

وقال تعالى: ﴿**وَكُلُوا وَاشْرَبُوا حَتَّىٰ يَتَبَيَّنَ لَكُمُ الْخَيْطُ الْأَبْيَضُ مِنَ الْخَيْطِ الْأَسْوَدِ مِنَ الْفَجْرِ**﴾[٤].

والصوم في اللغة عبارة عن الإمساك، وفي الشرع: إمساك عن المطعم والمشرب والمنكح مع النية في زمان مخصوص لمن خوطب به وهو من أهله.

(*) في الإفصاح: باب الصيام.

(١) البقرة: آية ١٨٣.

(٢) انظر كتابنا وبحثنا سابقي الإشارة.

(٣) البقرة: آية ١٨٥.

(٤) البقرة: آية ١٨٧.

واتفقوا: على أنّه يتحتم فرض صوم شهر رمضان على كل مسلم ومسلمة بشرط: البلوغ، والعقل، والطهارة، والقدرة، والإقامة.

واتفقوا: على أنه يجب الحائض والنفساء عليهما قضاء[1] صوم شهر رمضان ويحرم عليهما فعله، فإن فعلتاه لم يصح منهما.

فأما المرضع فاتفقوا: على أنه يباح لها الفطر إذا خافت على ولدها، أو على نفسها، وأنها إن فعلته صح منها، وأما المسافر والمريض فإنه يباح لهما الفطر، وإن صاما صح منهما مع كون كل واحد منهما إذا أجهده الصوم كُرِه له فعله.

واتفقوا: على أن الصبي الذي لا يطيق الصيام، والمجنون المطبق، غير مخاطبين بالصيام.

واتفقوا: على وجوب النية في الصوم المفروض في شهر رمضان، وأنه لا يجوز إلا بنية.

واتفقوا: على أن ما يثبت في الذمة من الصوم كقضاء رمضان وكقضاء النذور والكفارات ولا يجوز صومه إلا بنية من الليل.

واتفقوا: على أن صوم النفل كله يجوز بنية من النهار، قبل الزوال، إلا مالكًا فإنه قال: لا تصح إلا بنية من الليل.

واتفقوا: على أن صوم شهر رمضان يجب برؤية الهلال، أو إكمال شعبان ثلاثين يومًا عند عدم الرؤية، وخلو المطالع من حائل يمنع الرؤية.

وأجمعوا: على أنه إذا لم يحل دون مطلعه في هذه الليلة حائل، ولم يره أنه لا يجب صومه.

واتفقوا: على أن وجوب الصوم وقته[2] من أول طلوع الفجر الثاني إلى غروب

(١) في الإفصاح: الحائض والنفساء عليهما قضاء.

(٢) في الإفصاح ووقته.

الشمس، وأن الفجر الثاني الذي لا ظلمة بعده هو[١]: المحرم للأكل والشرب والجماع.

وأجمعوا: على استحباب تعجيل الفطر وتأخير السحور.

واتفقوا: على أنه إذا رؤى الهلال في بلد رؤية فاشية، فإنه يجب الصوم على سائر أهل الدنيا، إلا ما رواه أبوحامد الإسفراييني من أنه لا يلزم باقي البلاد الصوم، وغلطه[٢] القاضي أبو الطيب الطبري، وقال: هذا غلط[٣] منه، بل إذا رأى أهل بلد هلال رمضان لزم الناس كلهم الصيام في سائر البلاد.

واتفقوا: على أنه لا اعتبار بمعرفة الحساب والمنازل في دخول وقت الصوم على من عرف ذلك ولا على من لا يعرفه، خلافًا لابن [شريح من الشافعية].

قال الوزير أيده الله[٤]: على أن ابن شريح إنما قال هذا فيما يظن به الاحتياط للعبادة، إلا أنه شدوه منه لأنه لا يتأمن[٥] احتياطه للعبادة بما يترك للمنجمين مدخلاً في عبادات المسلمين، والنبي ﷺ قد قال: «**صوموا لرؤيته وأفطروا لرؤيته**» ولم يقل ﷺ صوموا للحساب ولا أفطروا له. وإن[٦] ذلك إنما يجب عن رؤية أو كمال عدد، أو وجود علة، على ما تقدم من اتفاقهم من ذلك على ما اتفقوا عليه منه واختلفوا.

وأجمعوا: على أن من أصبح صائمًا بالنية وهو جنب، أن صومه صحيح وإن أخر الاغتسال إلى بعد طلوع الفجر، مع استحبابهم له الاغتسال قبل طلوعه.

---

(١) غير موجود في الإفصاح رغم أهميته في استقامة العبارة.

(٢)،(٣) الكلمتان بالظاء في اختلاف الأئمة واخترنا الأصح من الإفصاح.

(٤) في الإفصاح يحيى بن محمد دون دعاء له.

(٥) العبارة في الإفصاح: إلا أنه شذوذ منه يباين احتياطه.

(٦) من هنا حتى نهاية العبارة من الإفصاح لأنه ليس في اختلاف الأئمة.

واتفقوا: على أنه إذا أكل وهو يظن أن الشمس قد غابت، أو أن الفجر لم يطلع، فبان الأمر بخلاف ذلك، أنه يجب عليه القضاء.

واختلفوا: فيما إذا اعتقد الخروج من الصوم، فقال الشافعي وأحمد: يبطل صومه. وقال أبو حنيفة: وأكثر المالكية: لا يبطل صومه.

واتفقوا: على أن الكذب والغيبة يكرهان للصائم ولا يفطرانه، وأن صومه صحيح في الحكم.

واتفقوا: على أن الحجامة لا تفطر الصائم، إلا أحمد فإنه قال: يفطر بها الحاجم والمحجوم، أخذاً بالحديث المروي في ذلك، وهو مما رواه وعمل به، وليس هو في كتاب البخاري ومسلم.

واتفقوا: على أنه إذا داوى جائفته أو مأمومته بدواء رطب، فوصل إلى داخل دماغه أنه يجب عليه القضاء، إلا مالكًا فإنه قال: لا يجب عليه القضاء.

واتفقوا: على أن المرأة الموطوءة في يوم رمضان مكرهة أو نائمة، قد فسد صومها ووجب عليها القضاء، إلا في أحد قولي الشافعي: أنه لم يفسد صومها ولا قضاء عليها.

واتفقوا: على أنه لا كفارة عليها، إلا عند أحمد، في إحدى الروايتين عنه، فإنه أوجب الكفارة والقضاء معًا، والرواية الأخرى عنه في إسقاط الكفارة أصح وأظهر.

واتفقوا: على أن الموطوءة في يوم رمضان مطاوعة قد فسد صومها، وعليها القضاء.

واتفقوا: على أن من أنزل في يوم رمضان بمباشرة دون الفرج فسد صومه ووجب عليه القضاء.

واتفقوا: على أن من تعمد الأكل والشرب، صحيحًا مقيمًا في يوم من شهر رمضان أنه يجب عليه القضاء.

واتفقوا: على أن من أكل أو شرب ناسيًا، فإنه لا يفسد صومه، إلا مالكًا فإنه قال: يفسد صومه، ويجب عليه القضاء.

واتفقوا: على أن للحامل والمرضع - مع خوفهما على ولديهما - الفطر، وعليهما القضاء.

واتفقوا: على وجوب القضاء (على الحامل التي أفطرت خوفًا على نفسها).

وأجمعوا: على أن من وطئ في يوم رمضان عامداً فقد عصى الله سبحانه وتعالى إذا كان مقيماً، وقد[1] كان نوى من الليل، وقد فسد صومه، وعليه الكفارة الكبرى.

وأجمعوا: على أنه لا يقبل في هلال شوال إلا شهادة عدلين، إلا أن أبا[2] حنيفة يشترط مع عدم العلة ما اشترطه في هلال رمضان، ويجيز مع وجودها في هذا الشهر خاصة شهادة رجلين، أو رجل وامرأتين.

وأجمعوا: على أن من ذرعه القيء فصومه صحيح.

واتفقوا: على أن كفارة الجماع في شهر رمضان عتق رقبة، أو صيام شهرين متتابعين، أو إطعام ستين مسكينًا.

وأجمعوا: على أنه إذا عجز عن كفارة الوطء حين الوجوب سقطت عنه، إلا الشافعي فإنه قال - في أحد قوليه -: يثبت في ذمته، وقال أبو حنيفة: إذا عجز عنها حين وجوبها فلا يلزمه الاستدانة، ولا إثم عليه في تأخيرها، حتى لو مات ولم يقدر عليها فلا إثم عليه، لكن متى قدر عليها وجبت عليه وجوبًا موسعًا، حتى إن مات ولم يؤدها بعد أن كان قدر عليها أثم.

---

(١) من الإفصاح. أما في اختلاف الأئمة: وإذ.

(٢) في اختلاف الأئمة: أبي وهو خطأ.

وأجمعوا: على أنه إذا جامع في يوم من رمضان فلم يكفِّر حتى جامع في يوم آخر، أن عليه كفارتين، إلا أبا حنيفة، فإنه قال: عليه كفارة واحدة، واختار[1] عبدالعزيز مثله.

وأجمعوا: على أنه إذا وطئ وكفَّر ثم عاد فوطئ ثانية في يومه ذلك: أنه لا يجب عليه كفارة ثانية إلا[2] أحمد فإنه قال: تجب عليه كفارة ثانية.

واتفقوا: على أن من وطئ ظانًا أن الشمس قد غربت، أو أن الفجر لم يطلع فبان بخلاف ذلك: أن القضاء وجب عليه.

واتفقوا: على أن القضاء في كل ما قلت من المسائل وأقول[3]، وعليه القضاء أنه قضاء يوم مكان يوم، لا خلاف بينهم في ذلك.

واتفقوا: على أن المرأة الحائض إذا انقطع حيضها قبل الفجر فنوت الصوم، أو المجامع في الفجر ليلاً قبل الفجر، إذا نوى الصوم: أن صومهما صحيح، وإن أخر كل واحد منهما الغسل حتى يصبح، أو حتى تطلع الشمس، وقال عبد الملك بن الماجشون ومحمد بن مسلمة عن مالك: إنه متى انقطع دمها في وقت يمكنها فيه الاغتسال والفراغ منه قبل طلوع الفجر، فإن صومها صحيح، فإن انقطع دمها في وقت يضيق عن غسلها وفراغها منه إلى أن يطلع الفجر لم يصح صومها.

وأجمعوا: على أن من فكر فأنزل، صومه صحيح، إلا مالكًا فإنه قال: يفطر ويجب عليه القضاء.

وأجمعوا: على أن من لمس فأمذى أن صومه صحيح، إلا أحمد فإنه قال: يفسد صومه، وعليه القضاء، واختلفوا فيما إذا نظر فأنزل، فقال أبو حنيفة والشافعي: صومه

---

(١) هذه الجملة ليست في اختلاف الأئمة ونقلتها عن الإفصاح.

(٢) هذه الجملة ليست في الإفصاح، واعتبارها يعني أن الأمر اتفاق لا إجماع.

(٣) في الإفصاح والأقول.

صحيح ولا قضاء عليه ولا كفارة، وقال مالك عليه القضاء، ولا كفارة، وقال أحمد مثله.

واتفقوا: على أنه إذا أتى[1] المكلف الفاحشة من أن يأتي امرأة أو رجلاً في الدبر فقد فسد صومه، وعليه القضاء.

وأجمعوا: على أن الشيخ والشيخة إذا عجزا أو ضعفا عن الصوم وكانا فانيين أفطرا وأطعما عن كل يوم مسكينًا عن كل واحد منهما، إلا مالكًا فإنه قال: لا يجب عليهما فدية.

وأجمعوا: على أن الصائم إذا نام في يوم من شهر رمضان فحلم في نومه فأجنب أنه لا يفسد صومه.

وأجمعوا: على أنه تكره القبلة لمن لا يأمن منها أن تثير شهوته.

واتفقوا: على أنه لا يكره للصائم الاغتسال من شدة الحر، إلا أبا حنيفة فإنه كرهه.

وأجمعوا: على أن للمريض - إذا كان الصوم يزيد في مرضه - أن يفطر ويقضي.

وأجمعوا: على أنه إن تحمل وصام أجزأه.

وأجمعوا: على أن للمسافر أن يترخّص بالفطر، وعليه القضاء.

وأجمعوا: على أنه إذا صام في السفر كان صومه صحيحًا مجزيًا.

وأجمعوا: على أنه إذا كان في سفر فأفطر، أنه مباح له الجماع.

واتفقوا: على أن قضاء شهر رمضان متفرقًا يجزي، وأن التتابع أحسن.

وأجمعوا: على أن يوم العيدين حرام صومهما، وأنهما لا يجزيان إن صامهما، لا عن فرض ولا عن نذر ولا قضاء ولا كفارة ولا تطوع، إلا أبا حنيفة فإنه قال: إن نذر صوم يوم العيد فالأولى أن يفطر ويصوم غيره، فإن لم يفعل وصامه أجزأه عن النذر.

---

(١) في اختلاف الأئمة: واقع المكلف الفاحشة واخترنا أتى من الإفصاح.

وأجمعوا: على وجوب التتابع في الصيام في: كفارة اليمين، وكفارة الظهار وكفارة قتل الخطأ، وكفارة الجماع في شهر رمضان، إلا الشافعي، في أحد قوليه، قال: إن التتابع في صيام الأيام الثلاثة في كفارة اليمين ليس بشرط، بل يستحب المتابعة فيها، وهو مذهب مالك.

وأجمعوا: على كراهية صوم أيام التشريق، وإن من قصد صيامها نفلاً عصى الله ولم يصح له، إلا أبا حنيفة فإنه قال: ينعقد صومه مع الكراهية.

واتفقوا: على أنه إذا نوى المقيم الصوم ثم سافر في أثناء يومه أنه لا يباح له الفطر في ذلك اليوم، إلا أحمد فإنه أجازه، في إحدى روايتيه، والمدنيون من أصحاب مالك.

وأجمعوا: على أن الأسير إذا اشتبهت عليه الشهور اجتهد وصام.

وأجمعوا: على أن الهلال إذا رئي نهاراً قبل الزوال أو بعده فإنه لليلة المقبلة، إلا في إحدى الروايتين عن أحمد، أنه إذا رئي قبل الزوال فهو للماضية.

واتفقوا: على أنه من وجدت منه إفاقة في بعض النهار، ثم أغمي عليه في باقيه، فإنه صومه صحيح.

وأجمعوا: على أنه يكره مضغ العلك الذي يزيده المضغ قوة في الصوم، ويكره للمرأة أن تمضغ لصبيها الطعام من غير ضرورة.

وأجمعوا: على أن: الغبار، والدخان والذباب، والبق، إذا دخل حلق الصائم لا يفسد صومه.

واتفقوا: على أنه يكره إفراد يوم الجمعة أو يوم السبت بصوم، إلا أن يوافق عادة، وعن[1] أبي حنيفة في قول: لا يكره، وقال مالك: يكره إفراد يوم الجمعة خاصة، وقد

(١) في اختلاف الأئمة: إلا والإفصاح أصح استدلالاً. بإعراب ما بعدها.

روى المزني عن الشافعي أنه قال لا[١] يتبين لي[٢] أن أنهى عن صيام يوم الجمعة إلا على الاختيار لمن كان إذا صامه منعه عن الصلاة التي لو كان مفطرًا لفعلها[٣].

واتفقوا: على استحباب صوم الأيام الستة من شوال، متبعة شهر رمضان إلا أبا حنيفة ومالكًا في قولهما: يكره ذلك ولا يستحب.

واتفقوا: على أن ليلة القدر تطلب في شهر رمضان[٤] إلا أبا حنيفة، فإنه قال: هي في جميع السنة.

واتفقوا: على أن صوم يوم عرفة مستحب وأنه ليس بواجب[٥].

وكذلك اتفقوا: على أن صوم يوم عاشوراء مستحب، وأنه ليس بواجب.

واتفقوا: على استحباب صيام أيام ليالي البيض التي جاء فيها الحديث وهي الثالث عشر والرابع عشر والخامس عشر.

---

(١)،(٢) كل منهما مسبوقة بواو في اختلاف الأئمة فاخترنا ما في الإفصاح.

(٣) في اختلاف الأئمة: فعلها، فاخترنا ما في الإنصاف.

(٤) في الإفصاح ومتبعة لرمضان.

(٥) في الإفصاح: واتفقوا على أن صوم يوم عرفة لمن لم يكن يعرفه. وتأمل العبارة يستلزم إضافة الفقرة الأخيرة كما في المتن ليتم المعنى.

باب الاعتكاف

أولاً: تمهيد عام:

الاعتكاف هو ملازمة المسجد تقربًا لله سبحانه وتعالى، وقد اعتكف رسول الله ﷺ العشر الأواخر من رمضان حتى توفاه الله سبحانه وتعالى. وقد قال ﷺ: «**المسجد بيت كل تقي، وتكفل الله لمن كان المسجدُ بيتَه بالروح والرحمة والجواز على الصراط إلى رضوان الله إلى الجنة**»[١].

ثانيًا: مواطن الإجماع والاتفاق:

واتفقوا: على أن الاعتكاف مشروع، وأنه قربة، قال الله تعالى[٢]: ﴿**وَعَهِدْنَا إِلَىٰ إِبْرَاهِيمَ وَإِسْمَاعِيلَ أَن طَهِّرَا بَيْتِيَ لِلطَّائِفِينَ وَالْعَاكِفِينَ وَالرُّكَّعِ السُّجُودِ**﴾[٣].

وقد روينا في هذا الكتاب فعل النبي ﷺ له في شهر رمضان.

قال الوزير: وهذا الاعتكاف المشروع لا يحل أن يسمى خلوة والاعتكاف عند اللغويين: الإقامة. قال الشاعر:

فبات بنات الليل حولي عكفا عكوف البواكي بينهن صريع

وفي هذا الشرع: عبارة عن اللبث في المسجد بنية الاعتكاف.

واتفقوا: على أنه لا يصح إلا بالنية.

واتفقوا: على صحته مع الصوم.

وأجمعوا: على أنه إذا كان نذرًا لزم الوفاء به.

---

(١) رواه الطبراني والبزار.

(٢) في الإنصاف: عز وجل.

(٣) البقرة: من الآية ١٢٥.

وأجمعوا: على أنه يصح الاعتكاف في كل مسجد، إلا أحمد فإنه قال: لا يصح إلا في مسجد تقام فيه الجماعات.

وأجمعوا: على أنه لا يصح اعتكاف المرأة في بيتها، إلا أبا حنيفة فإنه قال: يجوز اعتكافها في مسجد بيتها.

وأجمعوا: على أنه يجب على المعتكف الخروج إلى الجمعة.

وأجمعوا: على أنه إذا وجب عليه بالنذر اعتكاف أيام يتخللها يوم الجمعة أن المستحب له أن يعتكف في المسجد الذي تقام فيه الجمعة، لئلا يخرج من معتكفه لها.

وأجمعوا: على أنه من نوى اعتكاف يوم بعينه دون ليلته نفلاً فإنه يصح اعتكافه، إلا مالكًا فإنه قال: لا يصح حتى يضيف الليلة إلى اليوم[1].

وأجمعوا: على أن الوطء عامداً يبطل الاعتكاف: المنذور والمسنون معًا.

وأجمعوا: على أنه يجب عليه القضاء والكفارة في الاعتكاف المنذور المعين إذا نوى فيه يمينًا، إلا مالكًا والشافعي فإنهما قالا: لا تجب الكفارة فيه خاصة.

وأجمعوا: على أنه يجوز للمعتكف الخروج إلى ما لابد منه كحاجة الإنسان والغسل من الجنابة، والنفير، ولخوف الفتنة، ولقضاء عدة المتوفى عنها زوجها، ولأجل الحيض والنفاس.

وأجمعوا: على أنه إذا نذر اعتكاف شهر، ثم مات قبل أن يقضيه، فإنه يُقضى عنه، إلا أحمد فإنه قاله: يجب أن يقضي ذلك عنه وليه.

وأجمعوا: على أنه يكره للمعتكف الصمت إلى الليل، إلا أنه لا يتكلم إلا بالخير،

(١) في اختلاف الفقهاء: يوم وقد آلينا ما ورد في الإفصاح.

حتى قال الشافعي: ولو نذر الصمت في اعتكافه: تكلم ولا كفارة عليه. حكاه ابن المنذر.

وأجمعوا: على أنه يستحب للمعتكف ذكر الله تعالى، والصلاة، وقراءة القرآن.

وأجمعوا: على أن العبد ليس له أن يعتكف إلا بإذن سيده.

وأجمعوا: على أنه ليس للمعتكف أن يتَّجر ويكتسب بالصنعة على الإطلاق.

وأجمعوا: على أن كل مسجد تقام فيه الجماعات، فإنه يصح فيه الاعتكاف.

كتاب الحج

أولاً: تمهيد عام:

الحج ركن من أركان الإسلام، وقد فرضه الله تعالى على كل مسلم ومسلمة استطاع إليه سبيلاً، وهو فرض مرة في العمر لقوله ﷺ: «**الحج مرة فمن زاد فهو تطوع**»[1] ويستحب تكراره كل خمسة أعوام حسب الشروط الواردة في قوله عليه الصلاة والسلام فيما يرويه عن رب العزة والجلال: «**إن عبداً صححت له جسمه ووسعت عليه في المعيشة يمضي عليه خمسة أعوام لا يفد إليَّ لمحروم**»[2] وقد فصلنا حكم الحج في بحث مستقل[3].

ثانياً: مواطن الإجماع والاتفاق:

وأجمعوا: على أن الحج أحد أركان الإسلام وفرض من فروضه.

والحج في اللغة: القصد.

وهو في الشرع: عبارة عن «أفعال مخصوصة»، في أماكن مخصوصة في زمان مخصوص».

وأجمعوا: على أن الحج على كل مسلم، عاقل، حر، بالغ، صحيح، مستطيع، في العمر مرة واحدة، ثم اختلفوا في صفة الاستطاعة على ما سيأتي ذكره إن شاء الله تعالى.

وأجمعوا: على أن المرأة في ذلك كالرجل في الفرض.

---

(١) أبو داود وأحمد والحاكم وصححه.

(٢) ابن حبان في صحيحه والبيهقي وقد تكلم في سنده.

(٣) انظر كتابنا وبحثنا المشار إليهما.

ثم أجمعوا: على أن الشرائط في حقها كالرجل.

وأجمعوا: على أنه يصح الحج بكل نسك من أنساك ثلاثة: التمتع، والإفراد والقران: لكل مكلف على الإطلاق، إلا أن أبا حنيفة استثنى المكي فقال: لا يصح في حقه التمتع والقران ويكره له فعلهما، فإن فعلهما لزمه دم.

واتفقوا على: أن الصبي إذا بلغ لم يقض حجه ذلك عنه، ووجب عليه الحج إجماعًا بشرائطه.

واتفقوا: على أن إظهار التلبية مسنون في الصحاري.

واتفقوا: على أن فروض الحج ثلاثة: الإحرام بالحج، والوقوف بعرفة، وطواف الزيارة، وهو طواف الإفاضة.

وأجمعوا: على أن السعي بين الصفا والمروة يجوز تقديمه على طواف الزيارة بأن يفعل عقيب طواف القدوم، ويجزئ، فلا يحتاج إذا طاف طواف الزيارة إلى السعي بين الصفا والمروة، ولا خلاف بينهم في ذلك.

واتفقوا: على أنه سبع مرات، يحتسب بالذهاب سبعة، وبالرجوع سبعة يفتتح بالصفا، ويختم بالمروة.

واتفقوا: على أن طواف القدوم سنة من سنن الحج، وكذلك الرمل في السعي والاضطباع، واستلام الحجر الأسود.

باب المواقيت[١]

واتفقوا: على أن هذه المواقيت هي التي لا يجوز أن يتجاوزها الإنسان إلا حرمًا ممن يريد النسك، وأنها مواقيت لأهلها ولمن مرَّ بها من غير أهلها.

باب الإحرام والتلبية[٢]

وأجمعوا[٣]: استحباب الطيب لمن أراد الإحرام، إلا مالكًا فإنه قال: يكره للمحرم أن يتطيب قبل الإحرام بما بقي ريحه بعده.

واتفقوا: على أن عرفات، وما قارب الجبل كله موقف، إلا بطن عرنة، فإنه لايجزئ الوقوف فيه.

واتفقوا: فيما إذا رمى جمرة العقبة بعد نصف الليل الأول من ليلة النحر، هل يعتد به أم لا؟ فقال أبو حنيفة ومالك: لا يعتد به، ووقت جمرة العقبة عندهما: من بعد طلوع الفجر يوم النحر، وقال الشافعي وأحمد: يجوز، ووقت رميها عندهما: من بدء نصف الليل الأول.

وأجمعوا: على أن الطواف حول الكعبة سبع مرات، يبتدئ بالحجر الأسود ثم يختم به في كل مرة.

واتفقوا: على أن ركعتي الطواف مشروعة.

---

(١) ليس في الإفصاح.

(٢) ليس في الإفصاح.

(٣) في الإفصاح: واتفقوا.

باب العمرة[*]

أولاً: مقدمة عامة:

العمرة سنة واجبة بمقتضى قوله تعالى: ﴿وَأَتِمُّوا الْحَجَّ وَالْعُمْرَةَ لِلَّهِ﴾[١] وقوله ﷺ: «**حج عن أبيك واعتمر**»[٢] لمن سأله: إن أبي شيخ كبير لا يستطيع الحج ولا العمرة ولا الظعن[٣]. (أي السفر).

ثانيًا: مواطن الإجماع والاتفاق:

واتفقوا في الإفصاح وأجمعوا[٤]: على أن العمرة مشروعة بأصل الإسلام، قال الله عز وجل: ﴿وَأَتِمُّوا الْحَجَّ وَالْعُمْرَةَ لِلَّهِ﴾.

ثم اختلفوا: في وجوبها، فقال الشافعي، في قوله الجديد،: هي واجبة، وقال أبوحنيفة ومالك والشافعي، في قوله القديم،: هي سنة.

وأجمعوا: على أن فعلها في العمر مرة واحدة كالحج.

ثم اختلفوا: هل يكره فعلها في السنة مرتين أو أكثر؟ فقال أبو حنيفة والشافعي وأحمد: يجوز ذلك ولا يكره. وقال مالك: يكره أن يعتمر في السنة مرتين.

وأجمعوا: على أن فعلها في جميع السنة جائز، إلا أبا حنيفة فإنه قال: يجوز

(*) العنوان غير موجود في مخطوطة اختلاف الأئمة وأخذته عن الإفصاح.

(١) البقرة: آية ١٩٦.

(٢) رواه أصحاب السنن وصححه الترمذي.

(٣) متفق عليه.

(٤) كذلك الحال في الأصل ص ٨٢ لم يكتب الهامش رقم (٤) ..؟.

لاحظ السطر السادس، فهل الرقم (٤) للآية في السطر التالي ﴿وَأَتِمُّوا الْحَجَّ وَالْعُمْرَةَ لِلَّهِ﴾؟ وهي مذكورة في السطر الثاني .. مشار إليها بالهامش (١).

فعلها في جميع السنة إلا في خمسة أيام منها: يوم عرفة ويوم النحر، وأيام التشريق الثلاثة، ومالك قال: إن أهل منى خاصة لا يجوز لهم أن يعتمروا في هذه الأيام الخمسة؛ لأنه قال: «فإذا غربت الشمس في آخر أيام التشريق جازت لهم العمرة بخروج أيام الحج فأما غير أهل منى» فلا بأس أن يعتمروا في أيام منى، وإن كان الاختيار لهم غير ذلك وقد روي عن أحمد: أنه يكره فعلها في أيام التشريق على الإطلاق.

وأجمعوا: على أن أفعال العمرة: من الإحرام، والطواف، والسعي، أركان لها كلها، إلا الحلق[1] فعنهم فيه اختلاف، وسيأتي بيانه إن شاء الله تعالى.

وأجمعوا: على أنه لا يجوز الإحرام بالعمرة من الحرم، وإنما يكون من أدنى الحل، أو ما بعده، فأما من مكة فلا.

وأجمعوا: على وجوب رمي جمرة العقبة يوم النحر خاصة، بسبع حصيات وقال عبدالملك بن الماجشون، من أصحاب مالك: هو ركن من أركان الحج، لا يتحلل من الحج إلا به، كسائر الأركان.

واتفقوا: على جواز الدفع من مزدلفة بعد نصف الليل من ليلة النحر، إلا أبا حنيفة فإنه قال: لا يجوز، حتى يطلع الفجر فإن ترك الوقوف بالمزدلفة بعد طلوع الفجر فعليه دم.

اتفقوا: على وجوب رمي الجمار في أيام التشريق الثلاثة للجمرات الثلاث في كل يوم جمرة بسبع حصيات، فيكون لكل جمرة في الأيام الثلاثة.

واتفقوا: على أن طواف القدوم لمن قدم إلى مكة سنة، إلا أن مالكًا شدد فيه

---

(١) هذه الكلمة الصحيحة عن الإفصاح أما في اختلاف الأئمة فالكلمة هي: الخلاف وهذا خطأ.

فقال: إن تركه مرهقًا أو معجلاً حتى أتى منى، أو كان قد أنشأ الحج من مكة، أو أردف الحج على العمرة في الحرم فلا شيء عليه، وإن تركه من غير الحالات المذكورة فعليه دم، ويعيده إذا رجع، وقد أوجبه بعض أصحابه.

واتفقوا: على أن طواف القدوم سنة على أهل مكة أيضًا، وعلى من أهلَّ منها من غير أهلها، إلا أنه يطوف ولا يسعى حتى يرجع من منى، إلا أبا حنيفة فإنه قال: ليس يسن لأهل مكة: طواف القدوم.

وأجمعوا: على أن استلام الحجر الأسود مسنون.

وأجمعوا: على أنه يجب البيتوتة بمزدلفة جزءاً من الليل في الجملة، إلا مالكًا فإنه قال: هو سنة مؤكدة، وقال الشافعي، في أحد قوليه،: إنه ليس بواجب.

وأجمعوا: على أن الوقوف بالمشعر الحرام مشروع.

وأجمعوا: على أن الحلق مشروع للرجال المحرمين، وأنه واجب عليهم أو التقصير، وأن الحلق أفضل.

وأجمعوا: على أن المبيت بمنى، لياليها، مشروع، إلا في حق أهل السقاية والرعاء.

وأجمعوا: على أنه لا يجب على النساء حلق، وإنما شرع لهنّ التقصير ولا واجب عليهن.

واتفقوا: على أن المتمتع له أن يحرم بالحج يوم التروية وقبله.

باب جنايات الحج[1]

وأجمعوا: على أن المفرد إذا تم حجه[2] بشرائطه وتوقى محظوراته، لم يجب عليه دم.

وأجمعوا: على أن القارن والمتمتع غير المكي، على كل واحد منهما دم، فإن لم يجد صام ثلاثة أيام في الحج، وسبعة إذا رجع إلى أهله.

واتفقوا: على استحباب الاغتسال للأركان وغيرها: كالإحرام بالحج والوقوف بعرفة ودخول الحرم والطواف به وصلاة الركعتين عند عقد الإحرام.

واتفقوا: على استحباب الرمل، والاضطباع فيما سنا له، والأذكار إلى مكة من أعلاها، ورفع الصوت بالتلبية للرجال عقيب الصلوات على كل شرف وفي كل هبوط واد، ومع التقاء الرفاق، وبالأسحار وقلة الكلام في حال الإحرام إلا فيما ينفع، والترك للمراء والجدل وشهود خطب الحج، والتطوع بالهدي إذا لم يجب عليه والرقي إلى الصفا والهرولة، والمشي في السعي، كل واحد في موضعه الذي سن فيه، ودخول البيت والشرب من ماء زمزم والاستكثار من العمرة و[3] النافلة منهما[4] استطاع.

واتفقوا: على أن إحرام الرجل في وجهه ورأسه، فلا يجوز له تغطيتهما بشيء من اللباس.

واتفقوا: على أنه لا يجوز للمحرم أن يلبس المخيط كله، فلا يجوز له لبس القميص، ولا السراويل، ولا تجوز له العمامة، ولا القلنسوة ولا القباء، ولا الخفين إلا أن

---

(١) هذا العنوان ليس في الإفصاح.

(٢) في الإفصاح تم.

(٣) هذا الحرف غير موجود في الإفصاح

(٤) في الإفصاح مهما.

لا يجد النعلين[١] فيقطعهما أسفل من الكعبين، ولا يجامع في الفرج ولا دون الفرج، ولا يقبل ولا يلمس بشهوة، وأن لا ينظر إلى ما يدعوه إلى شهوة[٢] أو قبلة أو إمناء، ولا يتزوج، ولا يقتل الصيد على الإطلاق، ولا يقتل ما لا يؤكل لحمه، ولا يصيده، ولا يدل عليه، حلالاً ولا محرمًا،ولا يشير إليه، ولا يتطيب، ولا يتعمد لثمه[٣]، ولا يقتل القمل، ولا يقطع شيئًا من شعره ولا ظفره ولا يغطي رأسه ولا وجهه، ولا يحلق شعره قبل حله، ولا يلبس ثوبًا مصبوغًا بورس ولا زعفران، ولا يغسل رأسه بالسدر والخطمي، ولا يدهن بدهن فيه طيب، ولا ما لا طيب فيه، لا[٤] رأسه ولا لحيته، والمرأة في ذلك كالرجل، وتنفرد عنه بأنها: يجوز لها لبس القميص والخف، والسراويل، والخمار، وأنها لا تكشف رأسها، بل تكشف وجهها، وقد رخص لها أن تسدل عليه مع الحاجة ما لا يقع على بشرتها، وأنها لا ترفع صوتها بالتلبية إلا بمقدار ما تسمع رفيقتها، ولا رمل عليها [ولا سعي بل طوافها وسعيها مشي كله، وأنه لا حلق عليها، وإنما عليها التقصير، فهذه محظورات الإحرام المجمع عليها.

قال الوزير يحيى بن محمد رحمه الله تعالى: فهذه محظورات الإحرام المجمع عليها. فيها نظر: فعند الشافعي يجوز له قبلة العمد: ويجوز للرجل ستر وجهه، ويجوز للمحرم غسل الرأس ولحيته، ولو بسدر، والخطمي، والله أعلم][٥].

فأما ما فيها مما يجب فيه الفداء على فعله فسنذكر أقوالهم فيه إن شاء الله تعالى،

(١) الكلمات الأربع التالية ليست في الإفصاح.

(٢) في هذه المخطوطة لشهوة.

(٣) في الإفصاح لشمه.

(٤) في الإفصاح: ولها.

(٥) هذه العبارة غير موجودة في مخطوطة اختلاف الأئمة والسياق يقتضيها دون (ولا سعى) وقد أضفناها من الإفصاح.

فمنه أنهم:

أجمعوا: على أن المحرم لا يعقد عقد نكاح لنفسه ولا لغيره.

وأجمعوا: على أن المحرم إذا قال: أنا أرفض إحرامي، أو نوى الرفض لإحرامه لم يخرج بذلك، كما لا يخرج منه بالإفساد له.

واتفقوا: على أن قتل الصيد عمداً أو خطأً سواء في وجوب الجزاء.

واتفقوا: على أن صيد الحرم مضمون.

وأجمعوا: على أنه إذا قتل صيداً له مثل، فداه بمثله من النعم، إلا أبا حنيفة فإنه قال: يضمنه بقيمته.

وأجمعوا: على أنه إذا أحرمت المرأة بحجة الفرض، فقالوا كلهم: ليس لزوجها تحليلها إلا في أحد قولي الشافعي: له تحليلها.

واتفقوا: على أن المحرم إذا وطئ عامداً في الفرج، فأنزل أو لم ينزل، قبل الوقوف بعرفة، أن حجهما قد فسد، ويمضيان في فاسده، وعليهما القضاء وسواء كان الحج تطوعاً أو واجباً، أو كانت مطاوعة أو مكرهة.

واتفقوا: على أنه إذا فسد الحج لم يتحلل منه بالإفساد، ومعنى ذلك أنه متى[1] أتى بمحظور من محظورات الإحرام، فعليه فيه ما على المحرم في الحج الصحيح، ويمضي في فاسده، ويلزمه ذلك، ثم يقضي فيما بعده.

واتفقوا: على أنه إذا وطئ فيما دون الفرج فلم ينزل، وكان ذلك قبل الوقوف بعرفة: أن عليه دماً لا يفسد حجه.

واتفقوا: على أنه إذا وطئ في العمرة أفسدها، وعليه القضاء.

واتفقوا: على أن بيض النعام مضمون.

واتفقوا: على أن المحرم لا يجوز له أن يأكل مما صاده.

---

(١) غير موجودة بالإفصاح.

واتفقوا: على أنه إذا عدا[١] السبع على محرم فقتله المحرم فلا ضمان عليه.

واتفقوا: على أن المحرم إذا أفرد بعيره[٢] جاز له ذلك، إلا مالكًا فإنه قال: لا يجوز له ذلك.

واتفقوا: على أن شجر الحرم مضمون على المحل والمحرم، إلا مالكًا فإنه قال: ليس بمضمون.

واتفقوا: على استحباب المجاورة بمكة، إلا أبا حنيفة فإنه قال: لا يستحب ذلك.

واتفقوا: على أن صيد المدينة محرم قتله واصطياده، وكذلك شجرها يحرم قطعه، إلا أبا حنيفة فإنه قال: ليس بمحرم.

واتفقوا: في صيد (وجّ) وشجره، وهو موضع بالطائف، أنه غير محرم الاصطياد ولا القطع، إلا الشافعي فإنه قال: يمنع من صيدها وقتل الصيد بها، وهل يضمن إن فعل؟ على قولين له.

واتفقوا: على أن للمحرم تحللين أولهما: رمي جمرة العقبة، وآخرهما طواف الإفاضة، ويسمى طواف الزيارة، وطواف الفرض، وطواف النساء، لأنهن يبحن بعده.

واتفقوا: على أن التحلل الأول يحصل بشيئين من ثلاثة هي: الرمي، والحلق، والطواف، فهو يحصل بالرمي والحلق، أو بالرمي والطواف، أو بالطواف والحلق.

والتحلل الثاني: يحصل بما بقي من الثلاثة التي ذكرناها، فالأول يقع باثنين منها، والثاني يقع بما يفي من الثلاثة.

واتفقوا: على أن التحلل الثاني يبيح محظورات[٣] الإحرام جميعها، ويعيد المحرم حلالاً.

---

(١) في اختلاف الأئمة: عاد، والأصح المتن عن الإفصاح.

(٢) في اختلاف الأئمة: فرد بغيره.

(٣) في اختلاف الأئمة: من الطوارث وهذا خطأ والصحيح ما نقلناه في المتن عن الإفصاح.

واتفقوا: على استحباب زيارة قبر المصطفى ﷺ وصاحبيه أبي بكر وعمر رضي الله عنهما المدفونين معه، وندبوا إليه.

واتفقوا: على أن الإحصار بالعدو يبيح التحلل.

واتفقوا: على أنه إذا أحصر في حجة الفرض، وحل منها بالهدي أنه يلزمه القضاء، إلا ما رواه عبدالملك بن الماجشون عن مالك: أنه متى أحصر عن حجة الفرض بعد الإحرام: سقط عنه الفرض.

قال الوزير: وأنا أستحسن هذا.

واتفقوا: على أن أي موضع نحر فيه من الحرم أجزأه، إلا مالكًا فإنه قال: لا ينحر في الحج إلا بمنى، ولا في العمرة إلا بمكة.

كتاب الأضحية

مواطن الإجماع والاتفاق:

واتفقوا: على أن الأضحية مشروعة بأصل الشرع[١].

واتفقوا: على أنه لا يلزمه أضحية عن ولده الصغار وإن كان موسراً، إلا أبا حنيفة فإنه قال: يلزمه عن كل واحد منهم شاة.

واتفق الموجبان لها: وهما أبو حنيفة ومالك: على أن من لم يجد الأضحية ولا قدر على قيمتها لم تجب[٢] عليه.

واتفقوا: على أنه تجزئ الأضحية ببهيمة الأنعام كلها، وهي الإبل والبقر والغنم.

واتفقوا: أيضاً على أن لا يجزئ من الضأن إلا الجذع، وهو الذي له ستة أشهر وقد دخل في السابع، ، كما ذكرنا في كتاب الزكاة.

واتفقوا: على أنه لا يجزئ مما سوى الضأن إلا الثني على الإطلاق، من المعز، والإبل، والبقر، والثني من المعز: هو الذي له سنة تامة، وقد دخل في الثانية.

والثني من البقر: إذا كملت له سنتان، ودخل في الثالثة.

والثني من الإبل: إذا كملت له خمس سنين ودخل في السادسة.

واتفقوا: على أنه من ذبح الأضحية من هذه الأجناس بهذه الأسنان، فما زاد فإن أضحيته مجزية صحيحة، وأن من ذبح منها ما دون هذه الأسنان من كل جنس منها، لم تجزه أضحيته.

واتفقوا على أنه: يكره لمن أراد الأضحية: أن يأخذ من شعره وظفره من أول العشر إلى أن يضحي، وقال أبو حنيفة: لا يكره.

---

(١) قال تعالى: ﴿**فَصَلِّ لِرَبِّكَ وَانْحَرْ**﴾ وقال ﷺ: «**من كان ذبح قبل الصلاة فليعد**» متفق عليه.

(٢) في الإفصاح: لم يجب (بالياء).

واتفقوا على أنه: يجوز ذبح الأضحية ليلاً في وقتها المشروع لها، كما يجوز في نهاره، إلا مالكًا فإنه قال: لا يجوز ذبحها ليلاً، وعن أحمد، رواية مثله، وأبو حنيفة يكره مع جوازه.

واتفقوا: على أن ذبح العبد من المسلمين في الجواز كالحر، والمرأة من المسلمين والمراهق في ذلك كالرجل.

واتفقوا: على أنه لا يجزئ فيها ذبح معيب ينقص عيبه لحمه كالعمياء، والعوراء والعرجاء البين عرجها، والمريضة التي لا يرجى برؤها، والعجفاء التي لا تنقي.

واتفقوا: على أن ما فضل من حاجة الولد من لبن الأضحية والهدي يجوز شربه إلا أبا حنيفة فإنه قال: لا يجوز.

واتفقوا: على أن الاشتراك في الأضحية على سبيل الإرفاد من البعض للبعض جائز.

ثم اختلفوا في: الاشتراك فيها بالأثمان والأعراض، فأجازه الكل، إلا مالكًا فإنه قال: لا يجوز ذلك.

واتفقوا: على أنه: لا يجوز بيع شيء من الأضاحي بعد ذبحها.

واتفقوا: على استحباب التسمية على الأضاحي والتكبير عليها فإن تركها - أعني التسمية - ناسيًا أجزأته، فإن تعمد تركها؟ فقال مالك: لا يجوز أكلها، وعنه، رواية أخرى، أنه إن ترك التسمية ساهيًا لم يجز أكلها.

واتفقوا على أنه: لا يعطي ذابحها بأجرته شيئًا منها، لا من الجلد ولا من اللحم.

واتفقوا على أنه: تجزئ البدنة عن سبعة، وكذلك البقرة، والشاة خاصة عن واحد، إلا مالكًا، فإنه قال: البدنة والبقرة كالشاة، لا تجزئ إلا عن واحد، إلا أن يكون رب البيت يشرك فيها أهل بيته في الآخر، فإنه يجوز.

واتفقوا على أنه: يستحب للمضحي أن يلي الذبح بيده.

واتفقوا على أن: هذه الأضحية المذبوحة لا تصير بهذا الذبح ميتة.

واتفقوا على أنه: إذا خرج وقت الأضحية على اختلافهم، فقد فات وقتها، وأنه إن تطوع بها متطوع لم يصح، إلا أن تكون منذورة فيجب عليه ذلك وإن خرج الوقت.

باب العقيقة

أولاً: تمهيد عام:

العقيقة هي الشاة تذبح للمولود في اليوم السابع لولادته. قال ﷺ: «**كل غلام رهين بعقيقته تذبح عنه يوم سابعه ويسمى ويحلق رأسه**»[١].

ثانياً: مواطن الاتفاق:

واتفقوا على أن: العقيقة مشروعة، إلا أبا حنيفة فإنه قال: هي غير مشروعة.

واتفقوا: على أن الذبح يكون يوم السابع من الولادة وسبيلها، في السن، والجنس[٢]، وإنقاء العيب، ووقف الذبح، والأكل، سبيل الأضحية على ما بينا من اتفاقهم واختلافهم، إلا أن الشافعي وأحمد اتفقا على أنه لا يستحب كسر عظامها، بل تطبخ[٣] أجدالاً.

قال الوزير يحيى بن محمد: وأرى ذلك تفاؤلاً بسلامة المولود.

وقال مالك: ليس فعل ذلك بمستحب، ولا تركه بممنوع منه، ولا بأس به.

---

(١) أبو داود والنسائي. وسميت الشاة عقيقة لأنها تذبح في اليوم السابع وهو اليوم الذي يعق فيه شعر الغلام الذي ولد وهو عليه. (اختلاف الأئمة الورقة ١٢٦).

(٢) عن الإفصاح وهي في اختلاف الأئمة: في الجنس والسن.

(٣) في الإفصاح: يطبخ.

باب الختان[1]

مواطن الاتفاق والإجماع:

واتفقوا على أن: الختان في حق الرجال، والخفاض في حق الإناث مشروع.

ثم اختلفوا في وجوبه:

فقال أبو حنيفة، ومالك هو مسنون في حقهما، وليس بواجب وجوب فرض، ولكن يأثم بتركه تاركوه[2]، وقال الشافعي: هو فرض على الذكور والإناث، وقال أحمد: هو واجب في حق الرجال، رواية واحدة، وفي النساء عنه روايتان أظهرهما الوجوب.

---

(١) في الإفصاح: باب ما جاء في الختان.

(٢) في الإفصاح: تاركه.

كتاب البيوع

أولاً: مقدمة عامة:

البيع مشروع بالكتاب العزيز كما يلي، وبالسنة القولية والفعلية معًا، فقد باع ﷺ واشترى وقال: «**لا يبيع حاضر لباد**» وقال: «**البيعان بالخيار ما لم يتفرقا**»(١) والبيع يساعد الإنسان على بلوغ حاجته مما في يد أخيه بلا حرج ولا ضرر، ولا بد فيه من بائع ومشتر ومبيع وصيغة وتراض لقوله ﷺ: «**إنما البيع عن تراض**»(٢).

ثانيًا: مواطن الإجماع والاتفاق:

واتفقوا: على جواز البيع وتحريم الربا، لقول تعالى: ﴿**وَأَحَلَّ اللَّهُ الْبَيْعَ وَحَرَّمَ الرِّبَا**﴾.

والبيع في اللغة: إعطاء شيءٍ وأخذ شيءٍ، وهو في الشرع: عبارة عن إيجاب وقبولٍ.

واتفقوا: أنه يصح البيع من كل: بالغ، عاقل، مختار، مطلق التصرف.

واتفقوا: على أنه لا يصح بيع المجنون.

واتفقوا على أن: بيع العين الطاهرة صحيح.

واتفقوا على أن: الحر لا يصح بيعه ولا يجوز(٣).

واتفقوا على أن: أم الولد لا يجوز بيعها.

واتفقوا على: صحة بيع العين الحاضرة التي يراها البائع والمشتري حالة العقد.

---

(١) متفق عليه.

(٢) روه ابن ماجة بسند حسن.

(٣) الأصح ما ورد في الإفصاح من أن: الحر لا يجوز بيعه ولا يصح للحديث فهو أتم.

واتفقوا على أن: العين إذا كانا رأياها وعرفاها ثم تبايعاها بعد ذلك: أن البيع جائز، ولا خيار للمشترى إن وجدها على الصفة التي كان عرفها، فإن تغيرت فله الخيار.

واتفقوا على أنه: إذا وجب البيع وتفرقا عن المجلس من غير خيار، فليس لأحدهما الرد إلا بعيب.

واتفقوا على أن: خيار المجلس لا يثبت في العقود التي هي غير لازمة، كالشركة، والوكالة، والمضاربة.

واتفقوا على أنه: لا يثبت أيضًا في العقود اللازمة التي لا يقصد منها العوض، كالنكاح والخلع والكتابة.

واتفقوا على أنه: يجوز شرط الخيار للمتعاقدين معًا، ولأحدهما بانفراده إذا شرطه.

واتفقوا: على أنه إذا كان المبيع عبداً فالخيار للمشتري خاصة، فإن أعتقه فإنه ينفذ العتق.

واتفقوا: على أنه إذا كان المبيع عبداً والخيار للبائع، فأعتقه فإنه ينفذ العتق.

واتفقوا: على أن الغبن في البيع بما لا يفحش لا يؤثر في صحته.

واتفقوا: على جواز البيع بالثمن الحال والمؤجل.

واتفقوا على أنه: إذا أطلق البيع بالثمن ولم يعين النقد، انصرف إلى غالب نقد البلد.

باب الربا(*)

أولاً: تمهيد عام:

الربا: هو زيادة في أشياء من المال مخصوصة، وهي نوعان ربا فضل وربا نسيئة، فأما ربا الفضل فهو بيع الجنس الواحد مما يجري فيه الربا بجنسه متفاضلاً، كبيع قنطار قمح بقنطار وربع من القمح على سبيل المثال. وأما ربا النسيئة فقسمان ربا الجاهلية: وهو الذي قال الله تعالى فيه: ﴿**يَا أَيُّهَا الَّذِينَ آمَنُوا لا تَأْكُلُوا الرِّبَا أَضْعَافًا مُّضَاعَفَةً**﴾(١)، ومثاله: أن يكون لشخص على آخر دين مؤجل، وعندما يحل أجله يقول له: إما أن تقضيني وإما أن أزيد عليك نسبة من المال وأنتظر مدة أخرى، أو أن يعطيه عشرة جنيهات على أن يردها بعد مدة خمسة عشر جنيها. وربا نسيئة وهو بيع شيء يجري فيه الربا بآخر مما يدخله الربا نسيئة كأن يبيع قنطار تمر بقنطار قمح إلى أجل مثلاً. والربا محرم، وقد فصلنا الحديث في ذلك في موضع آخر(٢).

ثانياً: مواطن الإجماع والاتفاق:

واتفقوا: على أن الربا الذي حرمه الله سبحانه وتعالى ضربان: زيادة، ونساء، فمنها الأعيان الستة التي نص عليها الشارع ﷺ، وهي: الذهب والفضة، والبر، والشعير، والتمر، والملح.

وأجمع المسلمون على: أنه لا يجوز بيع الذهب بالذهب منفرداً، والورق بالورق منفرداً: تبرها ومضروبها وحليها، إلا مثلاً بمثلٍ، وزناً بوزن، يداً بيد، وأنه لايباع شيء منها غائب بناجز، فقد حرم في هذا الجنس الربا من طريقة الزيادة والنساء جميعاً.

(*) هذا العنوان ليس في اختلاف الأئمة.

(١) آل عمران: آية ١٣٠.

(٢) كتابنا: بيان الحكمة في التشريع الإسلامي.

واتفقوا على أنه: لا يجوز بيع الحنطة بالحنطة، والشعير بالشعير، والتمر بالتمر، والملح بالملح إذا كان بمعيار، إلا مثلاً بمثل، يداً بيد، ولا يباع شيء منها غائب بناجز، إلا أن أبا حنيفة قال: يجوز التفرق في ذلك قبل القبض وحده.

واتفقوا على أنه: يجوز بيع التمر بالملح، والملح بالتمر متفاضلين، يداً بيد ولا يجوز أن يتفرقا من المجلس قبل القبض، إلا أبا حنيفة فإنه قال: ليس من شرط صحته القبض في المجلس في الجنسين، إلا أن يكون جزءاً من صبرة.

واتفقوا على أنه: لا يجوز بيع الجيد بالرديء من جنس واحد، مما يجري فيه الربا، إلا مثلا بمثل، سواء بسواء.

واتفقوا على أنه: يجوز بيع الحنطة بالشعير، والعسل بالزبيب، والحديد بالرصاص متفاضلاً، يداً بيد، وأنه لا يجوز نساء.

واتفقوا على أن: بيع الحنطة بالذهب والفضة نساء جائز.

واتفقوا على أنه: لا يجوز بيع التمر بالملح، والملح بالتمر نساء، على الإطلاق.

واتفقوا: على أن المكيلات المنصوص عليها، وهي: البر، والشعير، والتمر، والملح، مكيلة أبداً، لا يجوز بيع بعضها ببعض إلا كيلاً، والموزونات المنصوص عليها موزونة أبداً.

وأما ما لم ينص على تحريم التفاضل فيه كيلاً ولا وزنًا، فاختلفوا فيه: فقال أبوحنيفة: المرجع فيه إلى عادات الناس بالبلد الذي هم فيه. وقال مالك والشافعي وأحمد: المرجع فيه إلى عرف العادة بالحجاز في عهد رسول الله ﷺ، فما كانت العادة فيه بالمدينة الكيل، لم يجز إلا كيلاً في سائر الدنيا، وما كانت العادة فيه الوزن بمكة: لم يجز إلاّ وزنًا في سائر الدنيا. فأما ما ليس له هناك عرف، احتمل أن يرد إلى أقرب الأشياء شبهاً به بالحجاز، واحتمل أن يعتبر بالعرف في موضعه.

قال الوزير يحيى بن محمد: وهذا، فإنما يعني به فيما يباع من تمر بتمر، فيكون المعيار فيما بينهما الكيل. فأما قولهم: إن الكيل كيل المدينة، والميزان ميزان مكة، فإن أصل المسلمين الذين بنوا عليه في بيع التمر بالتمر، هو فعل رسول الله ﷺ في ذلك بالمدينة، وذلك التمر، فهو تيسير كيله، وأنه ينبت في أرض لا تغشاها المياه، فيكون تمرها في الغالب يابسًا يتأتى كيله، فيكون المعيار فيه الذي يكشف الصحة ويحرز المماثلة هو الكيل، فأما التمور التي بسواد العراق وغيرها من الأراضي التي يغشى نخيلها المياه، فإنها لا يتصور فيها المماثلة في الكيل، ولا يحرز إلا بالوزن، والذي أراه أن رسول الله ﷺ لما ثبت عنه كيل التمر بالمدينة، فإنه يستفاد منه بأصل المماثلة، وأن لا يؤخذ من ذلك شيء إلا بمعيار، فيكون فيما يتهيأ كيله الكيل، وفيما لا يتهيأ كيله الوزن، وكذلك القول في ميزان مكة، فأما بيعها بالذهب كيلاً ووزنًا وصبرًا فإن ذلك جائز.

واتفقوا: على أنه يحرم على المسلمين الربا في دار الحرب، كما يحرم عليهم في دار الإسلام، لا فرق بينهما في التحريم، إلا أبا حنيفة فإنه قال: بالفرق بين الدارين في التحريم، وقال: يحل للمسلم ذلك مدة كونه في دار الحرب خاصة.

واتفقوا على أنه: ليس بين السيد وعبده ربا.

واتفقوا على أن: الربا لا يجري في الماء، وأن التفاضل جائز فيه، إلا إحدى الروايتين عن مالك: أن الربا يجري فيه؛ لأنه مكيل عنده. ووافقه على ذلك محمد بن الحسن، وهو أحد الوجهين(١) لأصحاب الشافعي، وقد(٢) ذكر ابن المنذر في كتاب «الإشراف» أن مذهب الشافعي: أن الربا جائز فيه، فجعله قولاً له.

---

(١) في الإفصاح: وفيه وجهان.

(٢) من أول هذه الكلمة ليس في اختلاف الأئمة وأوردت العبارة من الإفصاح.

واتفقوا على أن: على أن الربا المحرم يجري في غير الأعيان الستة المنصوص عليها، وأنه متعد منها إلى كل ملحق بشيء منها.

ثم اختلفوا في العلة: فقال أبو حنيفة وأحمد: العلة في الذهب والفضة، الوزن والجنس، فكل ما جمعه الوزن والجنس[1] فالتحريم ثابت فيه إذا[2] باعه متفاضلاً، كالذهب والفضة، ثم يتعدى منها إلى الحديد[3] والرصاص، والنحاس، وما أشبهه. وقال مالك والشافعي: العلة في الذهب والفضة: الثمنية، فلا يجري الربا عندهما في الحديد والرصاص، وما أشبههما. وقال أبو حنيفة وأحمد في أظهر الروايات عنه، وهي اختيار الخرقي وشيوخ أصحابه: العلة في الأعيان الأربعة الباقية: زيادة كيل في جنس المكيلات، فكل ما جمعه الجنس والكيل، فالتحريم فيه ثابت إذا بيع متفاضلاً، كالحنطة، والشعير، والنورة، والجص والأشنان، وما أشبهه. وعن أحمد رواية أخرى[4] في علة الأعيان الأربعة أنهما: مأكول مكيل، أو مأكول موزون، فعلى هذه الرواية: لا ربا فيما يؤكل وليس بمكيل ولا موزون، مثل: الرمان، والسفرجل، والبطيخ، والخيار، ولا في غير المأكول مما يكال ويوزن كالنورة، والجص، والأشنان. وعنه، رواية ثالثة، في علة الأعيان الأربعة: أنه مأكول جنس، فعلى هذه الرواية يحرم ما كان مأكولاً خاصة، ويدخل في التحريم سائر المأكولات، ويخرج منه ما ليس بمأكول، وقال مالك: العلة في الأعيان الأربعة كونها مقتاتة، وما يصلح للقوت في جنس مدخر، فيدخل تحريم الربا في ذلك كله: كالأقوات المدخرة، واللحوم، والألبان، والخلول، والزيوت، والعنب،

---

(١) العبارة في الإنصاف: وكل ما جمعه الجنس والوزن.

(٢) في الإنصاف: وإذا والصحيح ما في المتن عن اختلاف الأئمة.

(٣) في اختلاف الأئمة في الحديد والنحاس والرصاص وما أشبههما وهو خطأ وتركنا النحاس جريًا على ما في الإنصاف.

(٤) في الإنصاف: رواية ثانية.

والزبيب، والزيتون، والعسل. والسكر، وقال الشافعي - في الجديد -: إن العلة في الأعيان الأربعة أنها مطعوم[١] جنس، فعلى هذا يجري الربا عنده في الرمان، والسفرجل، والبيض، ونحوه، فلا يجوز سفرجلة بسفرجلتين، ولا بيضة ببيضتين، ولا رمانة برمانتين، كالرواية الثالثة عن أحمد وقال، في القديم، مطعومة مكيلة أو موزونة، فعلى هذا القول: لا يجري الربا بمجرد الطعم في الطعومات.

واتفقوا على أنه: لا يجوز بيع الرطب بالتمر، إلا أبا حنيفة فإنه أجازه.

واتفقوا: على أنه يجوز بيع الرطب بالرطب، مثلاً بمثل، إلا الشافعي فإنه منع منه.

واتفقوا على أن: لبن الآدميات طاهر: يجوز بيعه وشربه، وانفرد أبو حنيفة بينهم فإنه قال: لا يجوز بيعه. وقال بعض الشافعية: هو نجس.

(١) في الإنصاف: مطعومة، وهي أصح مما في المتن بدلالة ما يلي.

باب بيع الأصول والثمار

أولاً: تمهيد عام:

قد يبيع المسلم نخلاً، مؤبراً، أو شجراً، ظهر ثمره، وهنا تكون الثمرة للبائع إلا إذا اشترطها المشتري لنفسه، لقوله ﷺ: «**من باع نخلاً قد أبرت فثمرتها للبائع إلا أن يشترط المبتاع**»(١).

ثانياً: مواطن الإجماع والاتفاق:

واتفقوا على: أنه إذا باع أصول نخل لا تمر فيها أن البيع صحيح.

وكذلك اتفقوا: على صحة البيع للأصول وفيها تمر بارز.

واتفقوا على: أنه إذا اشترى ثمرة لم يبد صلاحها بشرط قطعها، فإن البيع جائز.

واتفقوا: على أن بيع الثمار قبل أن يبدو صلاحها بشرط التبقية إلى الجذاذ لا يصح.

واتفقوا على: أنه لا يجوز بيع القثاء والخيار، والباذنجان، إلا لقطة لقطة، وكذلك الرطبة، لا يجوز بيعها إلا جزة جزة، إلا مالكًا، فإنه خالف فيما عدا الرطبة فقال: إذا بدا أوله جاز بيع جميعه.

واتفقوا: على أنه إذا باع حائطًا واستثنى منه نخلة بعينها جاز.

واتفقوا: على أن الطعام إذا اشتري مكايلة أو موازنة أو معاددة، فلا يجوز لمن اشتراه أن يبيعه من آخر أو يعارض به حتى يقبضه الأول، وأن القبض شرط في صحة هذا البيع.

---

(١) رواه البخاري.

باب بيع المصراة

أولاً: تمهيد عام:

لايجوز للمسلم أن يصري الشاة أو ما أشبه ذلك، بأن يجمع لبنها في ضرعها أياماً لكي يعتقد المشتري أنها حلوب، فذلك غش وخديعة وقد قال ﷺ: «**لا تصروا الإبل والغنم، فمن ابتاعها بعد ذلك فهو بخير النظرين، بعد أن يحلبها، فإن رضيها أمسكها وإن سخطها ردها وصاعاً من تمر**»[1].

ثانياً: مواطن الإجماع والاتفاق:

واتفقوا على: أنه لا يجوز تصرية الإبل، والبقر، والغنم للبيع تدليساً على المشتري.

واتفقوا على: أن للمشتري الرد بالعيب الذي لم يعلم به حال العقد، ما لم يحدث عنده عيب آخر، وأن له إمساكه إن شاء بعد عثوره عليه.

واتفقوا على: أن الزنا عيب في الجارية.

باب في الاستبراء

واتفقوا: على إباحة الوطء بملك اليمين، وأن ما وقع في سهم الإنسان من الغنيمة ملك يمينه. وكذلك ما حصل بتمليك شرعي من ابتياع أو إرث، أو هبة أو معاوضة.

واتفقوا على: أنه إذا كانت له أمة يطؤها، فاشترى أختها، أنها لا تحرم الموطوءة منها ما لم يقرب أختها. فإن وطئها حرمتا عليه معاً، ولا يحل له الجمع بينهما، ولا يحل له واحدة منهما، حتى يحرم الأخرى.

---

(١) متفق عليه.

باب بيع المرابحة

مواطن الإجماع والاتفاق:

أجمعوا على: أن بيع المرابحة صحيح، وهو أن يقول: أبيعك وأربح في كل عشرة درهماً.

واتفقوا على: جواز استئجار الظئر للرضاع.

واتفقوا على: أنه إذا اختلف المتبايعان في الثمن، والسلعة قائمة، أنهما يتحالفان ويترادان.

واتفقوا: على أنه إذا تناولت صفقة البيع مباحاً فإنه جائز، وإذا تناولت المحظور - كالخمر - لم يجز.

واتفقوا: على أنه إذا اشترى عبداً بنية أن يعتقه من غير أن يشترط ذلك، فإن البيع صحيح.

واتفقوا على: أنه إذا اشترى فهداً على أنه صيود، أو دابة على أنها هملاجة صح البيع.

واتفقوا على: أن بيع عسب الفحل - وهو أن يستأجر فحل الإبل أو البقر أو الغنم أو غيرها لينزو على الإناث - مكروه.

واتفقوا على: أنه إذا باع داراً لم يكن له أن يبيع فناها معها، فإن باعه فالبيع باطل في الفنا.

واتفقوا على: أنه يكره أن يباع العنب لمن يتخذه خمراً، فإن خالف وباع، فهل يصح البيع؟ فذهب أحمد إلى أنه باطل، وقال مالك: يفسخ البيع ما لم يفت، فإن فات فيتصدق بثمنه. وقال أبو حنيفة والشافعي: يصح مع الكراهية.

واتفقوا على: أن شراء المصحف جائز.

واتفقوا على: أن بيع البادي لسلعة نفسه جائز.

واتفقوا: على كراهية البيع في وقت النداء يوم الجمعة، لقوله تعالى: ﴿**وَذَرُوا الْبَيْعَ**﴾.

واتفقوا على: كراهية تلقي الركبان، فقال مالك: يحرم، وإذا فعل ذلك وأتى البائع السوق وعرف، فهو بالخيار بين أن يمضي البيع أو يفسخ. وعن أحمد روايتان: إحداهما: إبطال البيع، والأخرى، إن كان في المبيع غبن كان للبائع الخيار.

واتفقوا على: كراهية بيع النجش.

واتفقوا على: جواز بيع الصوف المنفصل عن الحيوان.

واتفقوا على: أن كلب الصيد والماشية قتله محرم، ولا يضمن بالإتلاف، إلا مالكًا فإنه قال: يضمن بالإتلاف.

واتفقوا على: جواز شراء المسلم للعبد المسلم والكافر.

باب القرض

أولاً: تميد عام:

القرض: هو دفع مال لمن ينتفع به ثم يرد بدله: كأن يقول: أقرضني أو أسلفني كذا مدة ثم أرده عليك، وهو مستحب للمقرض لقول تعالى في سورة الحديد: ﴿**مَن ذَا الَّذِي يُقْرِضُ اللَّهَ قَرْضًا حَسَنًا فَيُضَاعِفَهُ لَهُ وَلَهُ أَجْرٌ كَرِيمٌ**﴾ وقوله ﷺ فيما رواه مسلم: «**من نفّس عن أخيه كربة من كرب الدنيا نفّس الله عنه كربة من كرب يوم القيامة**». وهو مباح بالنسبة للمقترض ولا حرج فيه طالما توافرت شروطه.

ثانيًا: مواطن الإجماع والاتفاق:

واتفقوا في: القرض إذا شرط فيه الأجل: هل يلزم؟ فقال أبو حنيفة والشافعي، في أحد قوليه، وأحمد: لا يلزمه الشرط. وقال مالك: يلزمه.

واتفقوا على: أن القرض قربة ومثوبة.

واتفقوا على: أن قرض الإماء - اللاتي يجوز وطؤهن - لا يجوز.

باب صورة بيع العينة

أولاً: تمهيد عام:

صورة بيع العينة أن يبيع شخص شيئًا لآخر إلى أجل ثم يشتريه ممن باعه له بثمن أقل مما باعه به، وهذا عين ربا النسيئة المحرم بالكتاب والسنة والإجماع.

فبيع العينة هو بيع سلعة بثمن لم يقبضه البائع، ثم يشترى تلك السلعة بأقل من الثمن الأول. وقال أبو حنيفة: العقد الثاني فاسد والأول صحيح. وقال مالك وأحمد: هما باطلان معًا، وأجازه الشافعي[(١)].

ثانيًا: مواطن الإجماع والاتفاق:

واتفقوا على: أن بيع الحصاة، والملامسة، والمنابذة، باطل. وهو أن يلقي حجرًا فيجب البيع، أو ينبذ الثوب، فيجب البيع، أو يلمسه فيجب البيع.

---

(١) الإفصاح ج١ ص٣٥٩.

باب بيع الغرر

أولاً: تمهيد عام:

لا يجوز شرعًا بيع ما ينطوي على غرره كبيع سمك في الماء أو لبن في ضرع أو ثمرة قبل بدو صلاحها. قال ﷺ: «**لا تشتروا السمك في الماء فإنه غرر**»[١]، وقال ابن عمر رضي الله عنه: «**نهى رسول الله ﷺ أن يباع ثمر حتى يطعم، أو صوف على ظهر، أو لبن في ضرع، أو سمن في لبن**»[٢] والأحاديث بعد ذلك كثيرة.

ثانيًا: مواطن الإجماع والاتفاق:

اتفقوا على أن: بيع الغرر - كالضالة، والآبق، والطير في الهواء، والسمك في الماء، واللبن في الضرع - باطل.

واتفقوا: أنه لا يجوز بيع وسلف، وهو أن يبيع الرجل السلعة، أو يسلفه سلفًا، أو يقرضه قرضًا.

واتفقوا على أنه: لا يجوز بيع ما ليس عنده، وهو أن يبيعه شيئًا ليس عنده ولا في ملكه، ثم يمضي فيشتريه له.

واتفقوا على أن: بيع المضامين، وهو بيع ما في بطون الأنعام، وبيع الملاقيح باطل.

واتفقوا على أن: بيع السائم على سوم أخيه، وبيعه على بيع أخيه مكروه.

واتفقوا على أن: بيع الكالئ بالكالئ باطل، وهو الدين بالدين، مثل أن يعقد رجل بينه وبين آخر مسلمًا في عشرة أثواب موصوفة في ذمة البائع من أجل بثمن مؤجل، وسواء اتفق الأجلان أو اختلفا.

واتفقوا على أن: بيعين في بيعة واحدة باطل، وهو أن يبيعه مثمنًا واحدًا بأحد

---

(١) رواه أحمد وفي سنده مقال وله شاهد يصلح به.

(٢) البيهقي والدارقُطني.

ثمنين مختلفين: مثل أن يقول بعتك هذا الثوب بعشرة صحاح أو باثني عشرة مكسرة.

واختلفوا في بيع العربون:

وهو أن يشتري الرجل السلعة بثمن، ويقدم بعضه، على أنه إن اختار تمام البيع نقد تمام الثمن، وإن كره البيع رد المبيع ولم يرد العربون، ولم يرجع على البائع بما نقده من الثمن، والشراء والبيع في ذلك سواء؟ فقال الشافعي وأحمد ومالك: هو باطل، ولم نجد عن أبي حنيفة نصاً.

واتفقوا على أنه: من كان له دين على رجل إلى أجل فلا يحل أن يضع عنه بعض الدين قبل الأجل ليعجل له الباقي، وأن ذلك حرام، وكذلك لا يحل له أن يعجل له قبل الأجل بعضه، ويؤخر الباقي إلى آخر، وكذلك لا يجوز له أن يأخذ قبل الأجل بعضه عيناً وبعضه عرضاً.

واتفقوا: على أنه لا بأس إذا حل الأجل أن يأخذ منه البعض ويسقط البعض أو يؤخره إلى أجل آخر.

باب بيع السلم

أولاً: عرض عام:

السلم أو السلف: هو بيع موصوف في الذمة، ومثاله: أن يشتري المسلم السلعة المضبوطة بالوصف. كطعام أو حيوان، إلى أجل معين، فيدفع الثمن وينتظر الأجل المحدد ليستلم السلعة، فإذا حل الأجل قدم له البائع السلعة. وهو جائز لقوله ﷺ: «**من أسلف فليسلف في كيل معلوم ووزن معلوم إلى أجل معلوم**[1]» وقول ابن عباس رضي الله

(١) متفق عليه من حديث ابن عباس.

عنهما: «**قدم رسول الله ﷺ المدينة وهم يسلفون في الثمار السنة والسنتين والثلاث**[1]».

ثانياً: مواطن الإجماع والاتفاق:

واتفقوا على: جواز السلم المؤجل، ولا بمعنى السلف.

واتفقوا على أن: السلم يصح بستة شرائط: أن يكون في جنس معلوم، وصفة معلومة، ومقدار معلوم، وأجل معلوم، ومعرفة مقدار رأس المال، وزاد أبو حنيفة شرطاً سابعاً، وهو: تسمية المكان الذي يوفيه فيه إذا كان له حمل ومؤونة، وهذا الشرط السابع لازم عند الباقين - وليس بشرط - بعد اتفاقهم على أن يكون الثمن منقوداً.

واتفقوا على أن: السلم جائز في المكيلات، والموزونات، والمزروعات التي يضبطها الوصف.

واتفقوا على أن: السلم في المعدودات التي لا تتفاوت إحداها: كالجوز، والبيض جائز، إلا في رواية عن أحمد.

واتفقوا على أنه: لا يجوز السلم في الجواهر، إلامالكًا فإنه يجوز عنده السلم في ذلك.

باب التسعير والاحتكار

مواطن الإجماع والاتفاق:

واتفقوا على: كراهية التسعير للناس، وأنه لا يجوز. وقال مالك: إذا حط أحد أهل السوق في السعر حطاً يستدعى به الزبون إليه ويضر بأهل الأسواق، أو زاد في السعر زيادة لا يزيدها غيره، قيل له: إما أن تلحق بأهل السوق أو تنعزل عنهم.

واتفقوا على: كراهية الاحتكار.

---

(١) متفق عليه.

باب الرهن

أولاً: عرض عام:

الرهن في عبارة وجيزة، هو توثيق دين بعين بحيث يمكن استيفاؤه منها أو من ثمنها، ومثاله أن يستدين شخص من شخص آخر دينًا ، فيطلب هذا الأخير منه وضع شيء تحت يده من حيوان أو عقار أو غير ذلك ليستوثق دينه، وبحيث أنه إذا حل الأجل ولم يسدد استوفاه مما تحت يده، ويسمى الدائن مرتهنًا، والمدين راهنًا، والعين المرهونة رهنًا، وسيلي دليل جوازه شرعًا.

ثانيًا: موطن الإجماع والاتفاق:

واتفقوا: على جواز الرهن في الحضر والسفر، لقوله تعالى: ﴿**فَرِهَانٌ مَّقْبُوضَةٌ**﴾ وأصل الرهن في اللغة: حبس الشيء على حق يقال: رهنتك الشيء، ولا يقال: أرهنتك.

واتفقوا: أن منافع الرهن للراهن.

وأجمعوا على أن: نفقة الرهن على الراهن.

باب الحجر على المفلس

أولاً: تمهيد عام:

الحجر هو منع الإنسان من التصرف في ماله لصغر أو جنون أو سفه أو فلس، وهو مشروع لقوله تعالى: ﴿ **وَلا تُؤْتُوا السُّفَهَاءَ أَمْوَالَكُمُ الَّتِي جَعَلَ اللَّهُ لَكُمْ قِيَامًا وَارْزُقُوهُمْ فِيهَا وَاكْسُوهُمْ**﴾ [1] وبعمل رسول الله ﷺ: «**إذ حجر ﷺ على معاذ ماله لما استغرقه الدين فباعه وسدد عنه ديونه حتى لم يبق لمعاذ شيء**[2]».

(١) النساء: آية ٥.

(٢) الدارقطني والحاكم وصححه.

واتفقوا على: أن الحجر على المفلس إذا طلب الغرماء ذلك، وأحاطت الديون به مستحق على الحاكم، وله منعه من التصرف حتى لا يضر بالغرماء، ويبيع أمواله إذا امتنع المفلس من بيعها، ويقسمها بين غرمائه بالحصص، إلا أبا حنيفة فإنه قال: لا يحجز عليه في التصرف، بل يحبسه حتى يقضي الديون، فإذا كان له مال لم يتصرف الحاكم فيه ولم يبعه، إلا أن يكون له دراهم، ودينه دراهم، فإن القاضي يقضيها بغير أمره. وإن كان دينه دراهم وله دنانير ،باعها في دينه.

والإفلاس في اللغة: اسم مأخوذ من الفلوس، والمراد أن هذا صار ذا فلوس بعد أن كان ذا دراهم.

واتفقوا: على أنه إذا أقر بدين بعد الحجر: تعلق بذمته، ولم يكن المقر له مشاركًا للغرماء الذين حجر عليهم لأجلهم، إلا الشافعي فإنه قال: يشاركهم.

واتفقوا على أنه: ينفق على من حجر عليه بفلس من ماله الباقي على ولده الصغار وزوجته.

واتفقوا على أن: البينة تسمع على الإعسار بعد الحبس.

باب الحجر

أولاً: عرض هام: سبق بيان أسباب الحجر بوجه عام.

ثانيًا مواطن الإجماع والاتفاق:

واتفقوا على أن: الأسباب الموجبة للحجر: الصغر، والرق، والجنون.

والحجر هو في اللغة: الحصر والمنع، وهو في الشريعة: عبارة عن منع شخص معين أن يتصرف في ماله.

واتفقوا على أن: الغلام إذا بلغ غير رشيد لم يسلم ماله إليه.

واتفقوا على أنه: إذا أونس من صاحب المال الرشد: دفع إليه ماله.

واتفقوا على أن: الصبي إذا بلغ لم يدفع إليه ماله حتى يؤنس منه الرشد إلا أبا حنيفة فإنه قال: إذا انتهت به السن إلى خمس وعشرين سنة دفع إليه ماله بكل حال.

باب الصلح

أولاً: تمهيد عام:

الصلح عقد يبرمه المتخاصمان توصلاً إلى حل خلاف بينهما عندما يدعي أحدهما حقًا لدى الآخر ويقره هذه الأخير عليه لعدم معرفته به فيصالحه على جزء منه اتقاء للخصومة واليمين التي تلزمه في حالة إنكاره.

ثانيًا: مواطن الإجماع والاتفاق:

واتفقوا على أن: من علم أن عليه حقًا فصالح على بعضه لم يحل؛ لأنه هضم للحق.

باب التنازع في الجدار

مواطن الإجماع والاتفاق:

واتفقوا على أن: الطريق لا يجوز تضييقها.

واتفقوا على أن: للرجل التصرف في ملكه كيف شاء، إذا لم يضر بالجار.

واتفقوا على أن: الرجل المسلم له أن يعلي بناءه في ملكه، ولا يحل أن يطلع على عورات جيرانه، فإن كان سطحه أعلى من سطح غيره، فهل يلزمه بناء سترة تحجره عن النظر لمن عساه ينظر؟ فقال مالك وأحمد: يجب عليه بناء سترة تمنعه من الإشراف

على جاره، وقال أبو حنيفة والشافعي: لا يلزمه ذلك، وقال أبو الليث السمرقندي، من الحنفية وغيره منهم: يلزمه ذلك.

واتفقوا على أن: الحائط المشترك بين اثنين ليس لأحدهما التصرف فيه دون شريكه.

واتفقوا على أن: من له حق في إجراء ماء على سطح غيره أن نفقة السطح على صاحبه.

باب الحوالة

أولاً: تمهيد عام:

الحوالة: هي تحويل الدين أو الحق - ونقله من ذمة إلى ذمة، مثال ذلك: أن يكون لشخص دين، وله على آخر دين مماثل للدين الذي عليه، ويطالبه صاحب الدين بدينه فيقول له: أحلتك على فلان، فإن لي عنده ديناً مماثلاً لدينك فاستوفه منه، فمتى رضي المحال برئت - لا محالة - ذمة المحيل. والحوالة جائزة، ويجب على المحال إذا أحيل على مليء (أي غني) أين يقبل: «**فإذا أتبع أحدكم على مليء فيلتبع**[1]».

واتفقوا: على جواز الإحالة.

وقال اللغويون: الحوالة تحول الحق، من قولك: تحول فلان من داره.

واتفقوا على: براءة ذمة المحيل إذا كان للمحيل على المحال عليه دين ورضي المحتال والمحال عليه. وقال مالك: إنما تستثنى صحة هذا الباب وهو الحوالة مما نهى رسول الله ﷺ، وهو: بيع الكالئ بالكالئ، أي الدين بالدين: فكان هذا مستثنى من ذلك، كما استثنيت العرايا من بيع التمر الرطب.

---

(١) متفق عليه:

باب الضمان

أولاً: تمهيد عام:

الضمان هو تحمل الحق على من هو عليه. كأن يكون على شخص حق، وعندما يطالب به يقول آخر جائز التصرف: هو علي وأنا ضامنه، فيصير ذلك ضامناً، بحيث يحق لصاحب الحق مطالبته بحقه وإن لم يف طالب صاحب الحق المضمون، وهذا جائز لقوله تعالى: ﴿**وَلِمَن جَاءَ بِهِ حِمْلُ بَعِيرٍ وَأَنَا بِهِ زَعِيمٌ**﴾[1] أي ضامن أو كفيل. ولقوله ﷺ: «**الزعيم غارم**»[2].

ثانيًا: مواطن الإجماع والاتفاق:

واتفقوا على: جواز الضمان، وأنه لا ينتقل الحق عن المضمون عنه الحي بنفس الضمان، وإنما ينتقل بأداء الضامن.

قال اللغويون: والضمين: الذي يجعل الشيء في ضمان، والضمن أن يحوي الشيء.

واتفقوا على: أنه إذا ضمن حقًا عن رجل بإذنه وأداه: أنه يجب له الرجوع به على المضمون عنه.

واتفقوا: على أن ضمان الأعيان: كالغصب، والوديعة، والعارية، يصح ويلزم خلافًا لأحد وجهي الشافعي، وهو الظاهر من مذهبهم، والوجه الآخر: أنه يصح، كمذهب الجماعة.

---

(١) يوسف: آية ٧٢.

(٢) متفق عليه.

واتفقوا: أن الكفالة بالنفس جائزة، خلافًا لأحد قولي الشافعي.

واتفقوا على: أنه إذا تكفل بنفس إلى وقت، فماتت النفس قبل الوقت أو فيه، أنه قد برئ.

باب الشركة

أولاً: مدخل عام:

الشركة مشروعة لقوله تعالى: ﴿**فَهُمْ شُرَكَاءُ فِي الثُّلُثِ**﴾[1] ولقول الرسول ﷺ: «**يقول الله تعالى: أنا ثالث الشريكين ما لم يخن أحدهما صاحبه**[2]». ولشركات العنان والأبدان والوجوه المفاوضة شروط حددها الفقه الإسلامي ويلزم مراعاتها.

ثانيًا: مواطن الإجماع والاتفاق:

واتفقوا على أن: الشركة جائزة من كل مطلق التصرف.

واتفقوا على أن: شركة العنان جائزة، واشتقاقها من عناني الفرسين في التساوي، وقال الفراء: اشتقاقها من: عَنَّ الشيءُ إذا عرض، فالشريكان كل واحد منهما يَعِنُّ له شركة الآخر.

وهي في الشرع عبارة عن: الشريكين يشتركان بمالهما وأبدانهما.

---

(١) النساء: آية ١٢.

(٢) أبو داود.

باب المضاربة

أولاً: مدخل عام:

صورة المضاربة أو القرض هي قيام شخص بإعطاء مال معلوم لآخر لكي يتجر فيه على أن يقتسما الربح حسبما اشترطاه، وعلى أن تكون الخسارة من رأس المال فقط حيث يكفي العامل خسارة جهده.

والمضاربة مشروعة بإجماع الصحابة، وقد أجازها الأئمة، وكان معمولاً بها على عهد النبي ﷺ فأقرها.

ثانياً: مواطن الإجماع والاتفاق:

واتفقوا على: جواز المضاربة، وهي: القراض، بلغة أهل المدينة.

واتفقوا على أن: الرجل إذا أذن لعبده في التجارة على الإطلاق أن الإذن صحيح والتجارة صحيحة. فأما إن أذن له في نوع من التجارة خاصة، فهل يجوز له أن يتجر في غيرها، فقال أبو حنيفة: يصير مأذونًا له في جميع التجارات. وقال مالك: إن خلى بينه وبين الشراء والبيع في البر كان مأذونًا له في الأنواع كلها، فأما إذا سلمه قصاراً، فهذا لا يكون مأذونًا له إلا في ما يعمل بيده من هذه الصناعة، وقال الشافعي وأحمد: إذا أذن له في نوع من التجارة لم يجز، فله أن يتعداه.

باب الوكالة

أولاً: مدخل عام:

الوكالة: هي استنابة الشخص شخصًا آخر لكي يحل محله في أمر من الأمور التي تجوز فيها النيابة مثل البيع والمخاصمة.

ثانيًا: مواطن الإجماع والاتفاق:

واتفقوا على أن: الوكالة من العقود الجائزة في الجملة، وأن كل ما جازت فيه النيابة من الحقوق جازت فيه الوكالة، كالبيع والشراء، والإجارة واقتضاء الديون، والخصومة في المطالبة بالحقوق، والتزويج، والطلاق، وغير ذلك.

واتفقوا على أنه: إذا عزل الموكل الوكيل وعلم بذلك انعزل.

واتفقوا على أن: إقرار الوكيل على موكله في غير مجلس الحكم لا يقبل بحال.

واتفقوا على أن: إقرار الوكيل على موكله بالحدود والقصاص غير مقبول، سواء كان في مجلس حكمه أو غيره.

واتفقوا على أن: التوكيل يصح فيما يملكه الموكل، ويصح فيه النيابة عنه كما ذكرنا، ويلزمه أحكامه، ويكون الوكيل حرًا بالغًا.

باب الإقرار

أولاً: مدخل عام:

الإقرار: هو أن يعترف المرء بشيء في ذمته لغيره.

ثانياً: مواطن الإجماع والاتفاق:

واتفقوا على أن: الحرَّ البالغ إذا أقر بحق معلوم من حقوق الآدميين لزمه إقراره، ولم يكن له الرجوع فيه.

واتفقوا على: العبد المأذون له والمحجور عليه يقبل إقراره بقتل العمد، إلا أحمد فإنه قال: لا يقبل إقراره، ويتبع حين يعتق(١).

واتفقوا على أن: المجنون، والصبي غير المميز، والصغير غير المأذون له لا يقبل إقرارهم ولا طلاقهم، ولا تلزم عقودهم.

واتفقوا على أن: العبد يقبل إقراره على نفسه، ولا يقبل في حق سيده.

واتفقوا على أنه: إذا أقر بشيء استثنى الأقل منه، صح استثناؤه.

واتفقوا على أنه: لو قال له: عليّ كذا وكذا فيما أظن، أنه لا يلزمه شيء.

---

(١) العبارة بالنفي في نسخة أخرى كما أشار مصحح الإفصاح ج٢ ص١٤.

باب العارية

أولاً: مدخل:

يقصد بالعارية قيام شخص بإعطاء آخر شيئًا ينتفع به زمنًا ثم يرده، مثل: استعارة قلم أو ثوب، وهي مشروعة بقوله تعالى: ﴿ **وَتَعَاوَنُوا عَلَى الْبِرِّ وَالتَّقْوَىٰ** ﴾المائدة.

واتفقوا على أن: العارية – وهي (إباحة المنافع بغير عوض) جائزة وقربة مندوب إليها، وقد يكون من الماعون، وأن للمعير فيها ثوابًا.

باب الوديعة

أولاً: مدخل عام:

الوديعة هي ما يودع أو يترك من مال أو غيره لدى من يحفظه ثم يرده إلى المودع حين طلبه، وهي مشروعة لقوله تعالى: ﴿ **فَلْيُؤَدِّ الَّذِي اؤْتُمِنَ أَمَانَتَهُ** ﴾.

ثانيًا: مواطن الاتفاق:

واتفقوا على أن: الوديعة أمانة محضة، وأنها من القُربِ المندوب إليها، وأنَّ في حفظها ثوابًا، وأن الضمان لا يجب على المودع إلا بالتعدي، وأن القول قول المودع في التلف والرد على الإطلاق مع يمينه.

واتفقوا على أنه: متى طلبها وجب على المودَع أن لا يمنعها مع الإمكان، فإن لم يفعل فهو ضامن.

واتفقوا على أنه: إذا طالبه، فقال: ما أودعتني، ثم قال بعد ذلك: ضاعت، أنه ضامن؛ لأنه خرج عن حد الأمانة بذلك، وأنه لو قال: ما تستحق عندي شيئًا، ثم قال: ضاعت، كان القول قوله.

واتفقوا على أنه: إذا أودعه على شرط الضمان فإنه لا يضمن، والشرط باطل.

باب الغصب

أولاً: مدخل عام:

الغصب هو استيلاء شخص على مال غيره قهراً بغير حق، كالاستيلاء على دار أو دابة، وهو حرام لقول تعالى: ﴿**وَلا تَأْكُلُوا أَموَالَكُم بَيْنَكُم بِالْبَاطِلِ**﴾[1] وقوله ﷺ: «**إن دماءكم وأموالكم عليكم حرام**»[2].

ثانياً: مواطن الإجماع والاتفاق:

واتفقوا: على أن: الغصب حرام، وأنه أخذ بعدوان وقهر، قال الله عز وجل: ﴿**وَكَانَ وَرَاءَهُم مَّلِكٌ يَأْخُذُ كُلَّ سَفِينَةٍ غَصْبًا**﴾(الكهف: من الآية ٧٩).

واتفقوا على أن: الغاصب يجب عليه رد المغصوب إن كان عينة قائمة، ولم يخف من نزعها إتلاف نفس.

واتفقوا على أن: العروض والحيوان وكل ما كان غير مكيل ولا موزون، يضمن إذا غصب وتلف بقيمته.

واتفقوا على أن: المكيل والموزون إذا غصب وتلف ضمن بمثله إذا وجد مثله، إلا في إحدى الروايتين، عن أحمد، وأنه يضمن بقيمته.

واتفقوا على أن: من غصب أَمَةً وجب عليه الحد، ويجب عليه ردها إلى مالكها وأرش ما نقصها الوَطْءُ، إلا أبا حنيفة، فإن قياس مذهبه أنه: يجب عليه الحد، ولا أرش عليه للواطئ، فإن أولدها وجب عليه رد أولادها، وكانوا رقيقًا للمغصوب، وأرش ما نقصتها الولادة. إلا أبا حنيفة ومالكًا فإنهما قالا: إن جبر الولد ما نقصها

---

(١) البقرة: من الآية ١٨٨.

(٢) رواه البخاري.

الولادة سد ذلك بذلك، فإن باعها الغاصب من آخر فوطئها الثاني وهو لا يعلم أنها مغصوبة، فأولدها ثم استحقت، فإنها ترد إلى مالكها أيضًا ومهر مثلها، ويفدي الثاني أولادها بمثلهم، ويكونون أحرارًا، ويرجع بذلك كله على الغاصب، عند أحمد والشافعي، إلا أن الشافعي قال: يفدي أولاده بقيمتهم، لا بمثلهم، وقال أبو حنيفة: يجب عليه - يعني الواطئ - العتق ويفدي أولاده بقيمتهم، لا بأمثالهم، وهو أحرار، ويردها إلى مالكها ثم يرجع بقيمة الولد والثمن على الغاصب، ولا يرجع بالعقد عليه، وقال مالك: إذا اشتراها من يد الغاصب فاستولدها ثم استحقت من يده فمستحقها بالخيار بين أن يأخذها ويأخذ قيمة ولدها، ولا يستحق غير ذلك لا مهر ولا أرش، أو يجيز البيع ويأخذ قيمة الولد، وهذا قول مالك الأول، وعليه جميع أصحابه، ثم نقل عنه الرجوع عن ذلك، فقال: يأخذ قيمة الولد وقيمة الأم، فعلى القول الأول: إذا أخذها وقيمة الولد، فإنه يرجع على الغاصب بقيمتها لا بقيمة الولد؛ لأن الولد ليس من جناية الغاصب، وعلى الرواية الثانية: هو مخير بين أن يرجع بأوفى الغرمين من قيمتها أو الثمن، والولد حر في كل الحالات.

واتفقوا على أن: من غصب ساجة فأدخلها في مركبه، وطالبه بها مالكها، وهو في اللجة: أنه لا يجب عليه قلعها، وحكي عن الشافعي أنه قال: يؤمر بأن يرسي أقرب المراسي عنده، ثم يرد الساجة إلى مالكها.

واتفقوا على أنه: إذا غصب ساجة فبنى عليها، فإنه ينقض الباني بناءه، ويرد الساجة إلى مالكها.

واتفقوا على أنه: إذا غصب خيطًا فخاط به جرح نفسه، وخاف على نفسه التلف إن هو نزعه أنه لا يلزمه سوى القيمة، لأجل الخوف على النفس.

باب الشفعة

أولاً: مدخل عام:

عن عبدالرحمن بن عوف أن رسول الله ﷺ قضى بالشفعة فيما لم يقسم بين الشركاء، فإذا وقعت الحدود بينهم فلا شفعة فيه[١].

ثانياً: مواطن الإجماع والاتفاق:

واتفقوا على أن: الشفعة تجب في الخليط.

واتفقوا على أنه: إذا كان الشفيع غائبًا فله إذا قدم المطالبة بالشفاعة، ولو تناقل المبيع جماعة، وكذلك إذا كبر الصغير، وهذا إذا طلب وقت عمله وأشهد على نفسه بالمطالبة.

---

(١) قال مالك: وعلى ذلك السنة التي لا اختلاف فيها عندنا.

باب الإجارة

أولاً: مدخل عام:

الإجارة: عقد لازم على منفعة معلومة لقاء ثمن معلوم، وهي جائزة لقوله تعالى: ﴿لَوْ شِئْتَ لاتَّخَذْتَ عَلَيْهِ أَجْراً﴾[١]. ولا ستئجاره ﷺ مع أبي بكر في هجرتهما رجلاً... يرشدهما إلى دروب المدينة ومسالكها[٢].

واتفقوا على أن: الإجارة من العقود الجائزة الشرعية، وهي: تمليك المنافع بالعوض، وأن من شرط صحتها أن تكون المنفعة والعوض معلومين.

ثانياً: مواطن الإجماع والاتفاق:

واتفقوا على أنّ: الراعي ما لم يتعد فلا ضمان عليه.

واتفقوا: في كَرْيِ الأرض بالثلث والربع، مما يخرج منها فقالوا: لا يصح. واختلف عن أحمد: على روايتين: أظهرهما: جوازه.

واتفقوا على أنه: إذا استأجر أرضاً ليزرعها حنطة فله أن يزرعها حنطة، وما ضرره بها ضرر الحنطة.

واتفقوا على أن: العقد في الإجارة إنما يتعلق بالمنفعة دون الرقبة، خلافاً لأحد قولي الشافعي.

---

(١) الكهف: من الآية ٧٧.

(٢) في الصحيح.

كتاب المساقاة

أولاً: مدخل عام:

المساقاة: هي إعطاء نخل أو شجر أوهما معًا لمن يقوم لسقيه وخدمته بجزء معلوم من ثمره مشاعًا فيه، والأصل في جوازها عمله ﷺ.

ثانيًا: مواطن الاتفاق والإجماع:

اتفق مجيزوها في الجملة أنها تجوز في النخل والكرم.

باب إحياء الموات

أولاً: مدخل عام:

إحياء الموات: هو قيام المسلم بإعمار أرض ليست ملكًا لأحد، وذلك بغرس شجر فيها أو البناء عليها أو حفر بئرها فتكون ملكًا له، والإحياء جائز مباح لقوله ﷺ: «**من أحيا أرضًا ميتة فهي له**»[1].

ثانيًا: مواطن الإجماع والاتفاق:

واتفقوا: على جواز إحياء الأرض الميتة العادية.

واتفقوا على أنه: يجوز للإمام أن يحمي الحشيش في الأرض الموات لإبل الصدقة، وخيل المجاهدين، ونَعَمِ الجزية والضوالّ إذا احتاج إليه ورأى فيه المصلحة، خلافًا لأحد قولي الشافعي.

(١) رواه أحمد والترمذي وصححه.

باب الوقف

أولاً: مدخل عام:

الوقف: هو تحبيس أصل الشيء فلا يورث ولا يباع ولا يوهب مع تسبيل الثمرة لمن وقفت عليه. وهو مندوب إليه لقوله تعالى: ﴿**إِلَّآ أَن تَفْعَلُوا إِلَىٰ أَوْلِيَائِكُم مَّعْرُوفًا**﴾[1] ولقوله ﷺ: «**إذا مات ابن آدم انقطع عمله إلا من ثلاثة أشياء صدقة جارية أو علم ينتفع به أو ولد صالح يدعو له**»[2].

ثانياً: مواطن الإجماع والاتفاق:

واتفقوا على: جواز الوقف.

ثم اتفقوا: هل يلزم من غير أن يتصل به حكم أو يخرجه مخرج الوصايا؟ فقال مالك والشافعي وأحمد: يصح بغير هذين الوصفين، ويلزمه. وقال أبو حنيفة: لا يصح إلا بوجود أحدهما.

واتفقوا على: أن وقف المشاع جائز.

واتفقوا على أن: كل ما لا يصح الانتفاع به إلا بإتلافه - كالذهب والفضة والمأكول - لا يصح وقفه.

واتفقوا على أنه: إذا خرب الوقف لم يعد إلى ملك الواقف.

---

(١) الأحزاب: من الآية ٦.

(٢) رواه مسلم.

باب الهبة

أولاً: مدخل عام:

الهبة: هي تبرع الرشيد بما يملك من مال أو متاع مباح؛ كهبة الدار والطعام والثياب والدنانير. وهي مستحبة لقول تعالى: ﴿ **وَآتَى الْمَالَ عَلَىٰ حُبِّهِ ذَوِي الْقُرْبَىٰ** ﴾[١] وقوله سبحانه: ﴿ **لَن تَنَالُوا الْبِرَّ حَتَّىٰ تُنفِقُوا مِمَّا تُحِبُّونَ** ﴾[٢] ولأنها استجابة لمقتضى أمره تعالى بالتعاون ولقوله ﷺ: «**تهادوا تحابوا، وتصافحوا يذهب الغل عنكم**»[٣].

ثانياً: مواطن الإجماع والاتفاق:

واتفقوا على أن: الهبة تصح بالإيجاب والقبول والقبض.

واتفقوا على أن: يقبض للطفل أبواه أو وليه.

واتفقوا على أن: تخصيص بعضهم بالهبة مكروه.

وكذلك اتفقوا: على أن تفضيل بعضهم على بعض مكروه.

واتفقوا على أن: الزوجين والإخوة ليس لأحد منهم الرجوع فيما وهب لصاحبه.

---

(١) البقرة: من الآية ١٧٧.

(٢) آل عمران: من الآية ٩٢.

(٣) ابن عساكر بسند صحيح.

باب العُمْرى

أولاً: مدخل عام:

العُمْرى: هي أن يقول المسلم لأخيه: أعمرتك أو وهبتك داري أو بستاني مدة عمرك أو طول حياتك. وهي جائزة لقول جابر رضي الله عنه: «**إنما العمرى التي أجازها رسول الله ﷺ أن يقول: وهي لك ولعقبك، فأما إذا قال: هي لك ما شئت، فإنها ترجع إلى صاحبها**»[١].

ثانياً: مواطن الإجماع والاتفاق:

واتفقوا على أنه: إذا أبرأه من الدَّيْن صح ذلك، ولم يحتج إلى قبول ذلك ممن هو عليه.

باب اللقطة

أولاً: مدخل عام:

يقصد باللقطة أي شيء يلتقطه إنسان من موضع غير مملوك لأحد، كعثور المسلم بطريقة ما على دراهم نقود أو ثياب فيخاف عليها فيلتقطها، وهذا جائز لأن رسول الله ﷺ سئل عن ضالة الغنم فقال: «**خذها فهي لك أو لأخيك أو للذئب**»[٢] ويكره الالتقاط لمن لا يثق في أمانة نفسه.

ثانياً: مواطن الإجماع والاتفاق:

وأجمعوا على أن: اللقطة ما لم تكن تافهًا يسيرًا، أو شيئًا لا بقاء له، فإنها تعرف

---

(١) رواه مسلم.

(٢) متفق عليه.

حولاً كاملاً.

وأجمعوا على أن: صاحبها إن جاء فهو أحق بها من ملتقطها إذا ثبت له أنه صاحبها.

وأجمعوا على أنه: إذا أكلها ملتقطها بعد الحول، فأراد صاحبها أن يضمنه أن ذلك له، وأنه إن تصدق بها ملتقطها بعد الحول فصاحبها مخير بين التضمين وبين أن يكون له أجرها فأي ذلك تخير كان له ذلك بإجماع، ولا تطلق يد ملتقطها بصدقة، ولا تصرف قبل الحول، إلا ضالة الغنم، فإنهم أجمعوا على أن ملتقطها في الموضع المخوف عليها له أكلها.

واتفقوا على: جواز الالتقاط في الجملة.

واتفقوا على أن: التقاط الغنم جائز، عدا رواية، عن أحمد، أن التقاطها لا يجوز.

واتفقوا على أن: العدل إذا التقط اللقطة أقرت في يده.

باب اللقيط

أولاً: مدخل عام:

اللقيط: هو طفل يوجد منبوذاً في مكان ما، لا يعرف له نسب ولا يدعيه أحد، وأخذه وتربيته واجب على الكفاية، فهو من قبيل التعاون على البر والتقوى، وهو نفس محترمة يجب على المسلم أن يحفظها.

ثانياً: مواطن الإجماع والاتفاق:

واتفقوا على أنه: إذا وجد لقيط في دار الإسلام، فهو مسلم، إلا أن أبا حنيفة قال: إن وجد في كنيسة أو بيعة أو قرية من قرى أهل الذمة فهو ذمي.

واتفقوا على أنه: حر، وأن ولاءه لجميع المسلمين، وإن وجد معه مال أنفق عليه

منه، وإن لم يوجد معه نفقة أنفق عليه من بيت المال، فإن امتنع بعد بلوغه من الإسلام لم يقر على ذلك، فإن أبى قتل [عند مالك وأحمد]. وقال أبو حنيفة: يجبر ولا يقتل، وقال الشافعي: يزجر عن الكفر، فإن أقام عليه أقر عليه إلا أنه إن أظهر دينًا يقر عليه بالجزية كان كأهل الذمة، وإن أظهر دينًا لا يقر عليه أهله رد إلى مأمنه من أهل الحرب.

واتفقوا على أنه: يحكم بإسلام الصغير بإسلام أبيه.

واتفقوا على أنه: يحكم بإسلامه بإسلام أمه كأبيه، سوى مالك، فإنه قال: لا يحكم بإسلامه بإسلام أمه، وقد روى ابن نافع عن مالك كمذهب الجماعة.

باب الجعالة

أولاً: مدخل عام:

الجعالة: لغة: هي ما يعطى للإنسان كمقابل لأمر فعله، وشرعًا: هي أن يحدد شخص جائز التصرف مبلغًا من المال لمن يقوم له بعمل خاص معلومًا أو مجهولاً: ومثالها قول القائل: من بنى لي كذا أو من اكتشف لي دواء لكذا فله كذا من المال. والجعالة جائزة لقوله تعالى: ﴿**وَلِمَن جَاءَ بِهِ حِمْلُ بَعِيرٍ**﴾[1] ولقوله ﷺ للذين جاعلوا على رقية لديغ بقطيع من الغنم: «**خذوها واضربوا لي معكم بسهم**[2]».

ثانيًا: مواطن الإجماع والاتفاق:

واتفقوا على: أن رادّ الآبق يستحق الجعل برده إذا اشترطه.

---

(١) يوسف: من الآية ٧٢.

(٢) جزء من حديث أخرجه البخاري في كتاب الإجارة.

باب الوصية

أولاً: مدخل عام:

الوصية: تبرع بالمال بعد الوفاة أو عهد بالنظر في شيء بعد الوفاة، وهي مشروعة بقول تعالى: ﴿**يَا أَيُّهَا الَّذِينَ آمَنُوا شَهَادَةُ بَيْنِكُمْ إِذَا حَضَرَ أَحَدَكُمُ الْمَوْتُ حِينَ الْوَصِيَّةِ اثْنَانِ ذَوَا عَدْلٍ مِّنكُمْ**﴾[1] وقوله سبحانه﴿**مِن بَعْدِ وَصِيَّةٍ يُوصِي بِهَا أَوْ دَيْنٍ**﴾[2]. وقوله ﷺ: «**ما من مسلم له شيء يوصي به، يبيت ليلتين إلا ووصيته مكتوبة عنده**»[3].

ثانيًا: مواطن الإجماع والاتفاق:

وأجمعوا على أن: الوصية غير واجبة لمن ليست عنده أمانة يجب عليه الخروج منها، وليست عنده وديعة بغير إشهاد.

وأجمعوا على أن: من كانت ذمته متعلقة بهذه الأشياء أو بأحدها، فإن الوصية بها واجبة عليه فرضًا.

وأجمعوا على: أنها مستحبة، مندوب إليها، لمن لا يرث الموصي من أقاربه وذوي رحمه.

وأجمعوا على أن: الوصية بالثلث لغير وارث جائزة، وأنها لا تفتقر إلى إجازة الورثة.

وأجمعوا على أن: ما زاد على الثلث إذا أوصى به من ترك بنين أو عصبة: أنه لا

---

(١) المائدة: من الآية ١٠٦.

(٢) النساء: من الآية ١٣.

(٣) متفق عليه.

ينفذ إلا الثلث، وأن الباقي موقوف على إجازة الورثة، فإن أجازوه نفذ، وإن أبطلوه لم ينفذ.

وأجمعوا على أن: لزوم العمل بالوصية، إنما هو بعد الموت.

وأجمعوا على أنه: يستحب للموصي أن يوصي دون الثلث مع إجازتهم له الوصية به، والوصية في اللغة من: وصي يصي، يقال: وصي فلان السير إذا أتبع بعضه بعضاً، وأنشدوا.

وصى الليل بالأيام حتى صلاتنا مقاسمة يشتق أنصافها السفر

وهي من حيث الشرع: راجعة إلى معنى الأمر.

واتفقوا على أنه: «**لا وصية لوارث**». إلا أن يجيز ذلك الورثة.

واتفقوا على أن: عطايا المريض وهباته من الثلث.

واتفقوا على أن: الوصية إلى عدل جائزة.

واتفقوا على أن: الوصية تلزم بعد الموت.

واتفقوا على أن: الوصية إلى الكافر لا تصح.

واتفقوا: في الروايات الثلاثة عن مالك: أنه لا يزاد على الثلث.

واتفقوا على أنه: إذا أوصى لبني فلان بثلث ماله، لم يدخل فيه إلا الذكور من ولد فلان، والموصى به، وكان بينهم بالسوية.

واتفقوا على أنه: إذا أوصى لولد فلان، كان للذكور والإناث من ولده، وكان بينهم بالسوية.

واتفقوا على أن: الوصي مع الغنى لا يحل له أن يأكل من مال اليتيم.

باب الفرائض

أولاً: مدخل عام:

التوارث بين المسلمين واجب شرعًا بمقتضى كتاب الله تعالى وسنة نبيه ﷺ قال تعالى: ﴿ **لِلرِّجَالِ نَصِيبٌ مِّمَّا تَرَكَ الْوَالِدَانِ وَالأَقْرَبُونَ وَلِلنِّسَاءِ نَصِيبٌ مِّمَّا تَرَكَ الْوَالِدَانِ وَالأَقْرَبُونَ مِمَّا قَلَّ مِنْهُ أَوْ كَثُرَ نَصِيبًا مَّفْرُوضًا** ﴾[١] وقال سبحانه: ﴿ **يُوصِيكُمُ اللَّهُ فِي أَوْلادِكُمْ لِلذَّكَرِ مِثْلُ حَظِّ الأُنثَيَيْنِ** ﴾[٢] وقال ﷺ: «**ألحقوا الفرائض بأهلها فما بقي فلأولى رجل ذكر**»[٣]. وقد بين الشرع مقدار نصيب كل وارث على نحو لا يمكن أن يرقى إليه أي عمل بشري، لأن صنعة المخلوق لا يمكن أن ترقى لصنعة علام الغيوب.

ثانيًا: مواطن الإجماع والاتفاق:

وأجمع المسلمون على: أن الأسباب المتوارث بها ثلاثة: رحم، ونكاح، وولاء. والأسباب التي تمنع الميراث ثلاثة: رق، وقتل، واختلاف دين.

وأجمعوا: على أن المجمع على توريثهم من الذكور عشرة: الابن، وابن ابنه وإن سفل، والأب، وأبوه وإن علا، والأخ من كل جهة وابن الأخ إذا كان عصبة، والعم، وابن العم إذا كان عصبة، والزوج ومولى النعمة، وهو السيد المعتق.

ومن الإناث سبع، وهي: البنت وبنت الابن وإن سفل، والأُم، والجدة وإن علتا، والأُخت من كل جهة، والزوجة، ومولاة النعمة، وهي السيدة المعتقة.

---

(١) النساء: من الآية ٧.

(٢) النساء: من الآية ١١.

(٣) متفق عليه.

فهؤلاء المجمع على توريثهم، وهم على ضربين: عصبة وذوي فروض، فالذكور كلهم عصبة، إلا الزوج، والأخ من الأُم والأَب والجد مع الابن وابن الابن، والإناث كلهن ذوات فروض إلا المولاة المعتقة، وإلا الأخوات مع البنات، ومن يعصبها أخوها وابن عمها، فكل هؤلاء السبعة عشر يرثون في حال ويحجبون حجب إسقاط من الميراث أصلاً في حال أخرى، سوى خمسة منهم، فإنهم لا يسقطون بحال أصلا، وهم الزوجان والأبوان وولد الصلب، وأربعة لا يرثون بحال: المملوك، والقاتل من المقتول إذا كان قتله له عمداً بغير حق، والمرتد، وأهل ملتين: لا يرث أحدهما الآخر.

فأما معنى العصبة، فقال القتيبي: عصبة الرجل قرابته لأبيه، وبنوه، وسموا عصبة لأنهم عصبوا به، أي أحاطوا به، فالأب طرف، والابن طرف والعم جانب، والأخ جانب، فلما أحاطت به هذه القرابات عصبت به، وكل شيء استدار حول شيء فقد عصب به، ومنه العصابة، وأربعة من الذكور يرثون أربعًا من النساء، ولا يرثهن بفرض ولا عصب، وهم: ابن الأخ يرث عمته ولا ترثه، والعم يرث ابنة أخيه ولا ترثه، وابن العم يرث ابنة عمه ولا ترثه، والمولى المعتق يرث عتيقه ولا يرثه، وامرأتان ترثان رجلين ولا يرثانهما وهما: أم الأم ترث ابن بنتها ولا يرثها، والمولاة المعتقة ترث عتيقها ولا يرثها، وأربعة يعصبون أخواتهن فيمنعونهن الفرض ويقتسمون ما ورثوا للذكر مثل حظ الأنثيين، وهم: البنون وبنوهم وإن نزلوا، والأخوة من الأب والأم، والإخوة من الأب، ومن عدا هؤلاء من العصابات فإنه ينفرد الذكور منهم بالميراث دون الإناث، كبني الإخوة وكالأعمام وبني الأعمام، وإنما لم يعصب هؤلاء أخواتهم لأن أخواتهم لا يرثن منفردات؛ فلذا لم يرثن مع الذكور، ولا يراعى في تعصيب الذكور للإناث للإضرار بهن، ولا التوفير عليهن، والأخوات مع البنات عصبة لهن ما فضل، وليست لهن معهن فريضة مسماة، فكل هذه الأحكام مما أجمعوا عليه.

وأجمعوا على أن: الفرائض المقدرة المحدودة في كتاب الله سبحانه وتعالى ست، وهي: النصف، ونصفه [وهو الربع] ونصف الربع،[وهو الثمن] والثلثان ونصفهما وهو [الثلث] ونصفه وهو: [السدس] فأما النصف فأجمعوا: أيضًا على أنه فرض جماعة وهم: بنت الصلب، وبنت الابن مع عدم بنت الصلب، والأُخت الواحدة من الأب والأم، والأخت من الأب مع عدم الأخت من الأب والأُم، والزوج إذا لم يكن للميتة ولد ولا ولد ابن. وأما الربع فأجمعوا:

على أنه فرض اثنين: فرض الزوج إذا كان للزوجة ولد أو ولد ابن، وفروض الزوجة، أو الزوجتين والثلاث والأربع، إذا لم يكن للزوج ولد ولا ولد ابن.

وأما الثمن فأجمعوا على: أنه فرض الزوجة أو الزوجتين، أو الثلاث أو الأربع إذا كان للزوج ولد أو ولد ابن.

وأما الثلثان فأجمعوا على أنهما:

فرض أربعة وهم: كل اثنين فصاعداً من البنات وبنات الابن مع عدم البنات والأخوات من الأب والأُم، والأخوات من الأب مع عدم الأخوات من الأب والأُم، ولو شئت قلت: الثلثان فرض كل اثنتين فصاعداً ممن إذا انفردت إحداهن كان لها النصف، وهن: البنات، وبنات الابن، والأخوات من الأب والأُم، والأخوات من الأب.

وأما الثلث، فهو فرض اثنين: فرض الأُم إذا لم يكن لابنها ولد ولا ولد ابن، ولا اثنان فصاعداً من الأخوة والأخوات، وقد يفرض لها ثلث ما يبقى في مسألتين، وهما: زوج وأبوان، وزوجة وأبوان، فإن للزوج النصف، وفي المسألة الأخرى للزوج الربع، وللأم فيها ثلث ما بقي، والباقي للأب.

وأما الجبر الباقي من جبري الثلث، فهو فرض الابنتين فصاعداً من ولد الأُم، الذكر والأنثى فيه سواء.

وأما السدس: فهو فرض سبعة، فرض كل واحد من الأب والجد، إذا كان للميت ولد وولد ابن، وفرض الأُم مع الولد أو ولد الابن، أو مع الاثنين فصاعداً من الإخوة والأخوات من أي جهة كانوا، وفرض الجدة الواحدة أو الجدتين أو إحداهن إن اجتمعا بالإجماع، أو الجدات إن اجتمعن [على مذهب أبي حنيفة والشافعي وأحمد] خلافاً لمالك فإنه لا يتصور في مذهبه اجتماع ثلاث جدات يرثن، كما يأتي ذكره.

وفرض بنت الابن أو بنات الابن مع بنات الصلب تكملة الثلثين. وفرض الأخت من الأب، أو الأخوات من الأب مع الأخت من الأب والأُم، تكملة الثلثين.

وفرض الواحدة من ولد الأُم والأُخت من الأب، أو الأخوات من الأب مع الأُخت من الأب والأُم تكملة الثلثين.

وفرض الواحد من ولد الأُم: الذكر فيه والأُنثى سواء، فهذه الفروض ومُسْتَحقُّوها.

فأما الحجب فهو على ضربين، حجب عصبات، وحجب ذوي فرض.

فأما حجب ذوي الفروض، فعلى ضربين، حجب عن بعض المال، وحجب عن جميعه.

فأما حجب البعض، فهو الولد وولد الابن: يحجبان الزوج من النصف إلى الربع، ويحجبان الزوجة والزوجتين أو الثلاث أو الأربع من الربع إلى الثمن، ويحجبان كل واحد من الأبوين إلى السدس، ويحجب الأُم خاصة من الثلث إلى السدس: الاثنان فصاعداً من الإخوة والأخواتِ من أي الجهات كانوا، وتحجب بنتُ الصلب بنتَ الابن من النصف إلى السدس وتحجب بنتُ الصلب أيضًا بناتِ الابن من الثلثين إلى السدس. وتحجب الأُخت من الأب من النصف إلى السدس، وتحجب الأُخت من الأب والأُم أيضًا الأخوات من الأب من الثلثين إلى السدس.

فهذا هو حجب البعض، وكله بجميع أحكامه التي ذكرناها إجماع من الأئمة رضي الله عنهم، إلا ما بيناه.

وأما حجب الجميع - ويسمى حجب الإسقاط - فإن إجماعهم وقع على أن الابن يُسقِط ولدَ الابن الذكرَ والأنثى. وأن الأب يُسقِطُ الجدَّ والأجداد، وأن الأُم تسقط الجدة والجدات.

وأجمعوا على أن: ولد الأُم يسقط بأربعة: بالولد، وولد الابن، والأب، والجد.

وأجمعوا على أن: ولد الأب والأُم يسقط بثلاث: بالابن، وابن الابن، والأب، وكل واحد من هؤلاء الثلاثة يسقط ولد الأبوين بالإجماع.

وأجمعوا على أنه: إذا استكمل بنات الصلب الثلثين سقط بنات الابن، إلا أن يكون بإزائهن أو أنزل منهم ذكر، فيعصبهن فيما بقي: للذكر مثل حظ الأُنثيين.

وأجمعوا على أنه: إذا استكمل الأخوات من الأب والأُم الثلثين سقط الأخوات من الأب، إلا أن يكون معهن أخ لهن فيعصبهن، فما بقي: للذكر مثل حظ الأنثيين.

وأما حجب العصبات [والعصبة كل ذكر ليس بينه وبين الميت أنثى]

فأجمعوا على أنه: يبدأ بذوي الفروض، فيدفع إليهم فروضهم، ثم يعطي العصبات ما بقي، يقدم في ذلك أقربهم فأقربهم.

وأقربهم، هم: البنون، ثم بنوهم وإن نزلوا، ثم الأب، ثم أبوه وإن علا، ما لم يكن إخوة، ثم بنو الأب، وهم: الإخوة، ثم بنوهم وإن نزلوا، ثم بنو الجد، وهم الأعمام، ثم بنوهم وإن نزلوا، ثم على هذا أبداً لا يرث ولد واحد من هؤلاء مع وجوده، ولا يرث أب أبعد وهناك بنو أب أقرب منه وإن سفلوا، فإن استووا في الدرجة فأولاهم بالميراث من انتسب إلى الميت بأب وأم.

فهذا حكم العصبات غير الأب والجد، فإن الأب والجد ينفردان عنهم بثلاثة

أحوال اختصا بها، أحدها: أنهما يرثان بالفرض خاصة في حالة، وهي: مع الابن وابن الابن. والحالة الثانية أنهما يرثان بالتعصيب خاصة، وذلك مع عدم الولد وولد الابن. والحالة الثالثة: أنهما يرثان بالفرض والتعصيب معًا، وذلك مع البنات وبنات الابن.

وحكم الجد في جميع أحواله حكم الأب، إلا في ثلاثة أحوال: أحدها: أن الأب يسقط الجد، والأب لا يسقطه أحد، والثاني: أن الأب مع الزوجين يزاحم الأُم من ثلث الأصل إلى ثلث الباقي. والجد بخلافه. وهذان الحالان إجماعًا، والثالث: أن الأب يسقط الإخوة والأخوات من الأبوين أو من الأب، والجد يقاسمهم [على الاختلاف الذي ذكرناه].

وكل ما فيه نصف وثلث، أو نصف وسدس، أو نصف وثلثان، فأصله من ستة، وتعول إلى: سبعة، وإلى ثمانية، وإلى تسعة، وإلى عشرة، ولا تعول إلى أكثر من ذلك.

وكل ما فيه ربع وثلث، أو ربع وثلثان، أو ربع وسدس، فأصله من اثني عشر، وتعول إلى ثلاثة عشر، وإلى خمسة عشر، وإلى سبعة عشر، ولا تعول إلى أكثرمن ذلك.

وكل ما فيه ثمن وثلثان، أو ثمن وسدس، فأصله من أربعة وعشرين وتعول إلى سبعة وعشرين، ولا تعول إلى أكثر من ذلك.

وأجمعوا على أن: من مات ولا وارث له من ذي فرض ولا تعصيب ولا رحم فإن ماله لبيت مال المسلمين.

واتفقوا على أن: القاتل عمداً ظلماً لا يرث من المقتول، كما تقدم ذكرنا له.

واتفقوا على أن: الكافر لا يرث المسلم، وأن المسلم لا يرث الكافر.

واتفقوا على أن: الجد لا ينقص عن السدس في حال سدسًا كاملاً أو عائلاً.

وأجمعوا على أنه: إذا زادت الفرائض على سهام التركة، دخل النقص على كل واحد منهم على قدر حقه، وأعيلت المسألة، ثم تقسم على العول، فيعطى كل ذي سهم على قدر سهمه عائلاً، كالديون إذا زادت على التركة، تقسم على قدر الحصص، وينقص كل واحد منهم على قدر دَيْنِه، كما وصفنا.

وأجمعوا على أنه: لا يكون العَولُ إلا في الأُصول الثلاثة التي ذكرناها من قبل، وهو: ما فيه نصف وسدس، أو نصف وثلث، أو نصف وثلثان، وما فيه ربع وسدس، أو ربع وثلث، أو ربع وثلثان. وما فيه ثمن وسدس أو ثمن وسدسان أو ثمن وثلثان.

ومن مسائل العَوْل التي أجمعوا عليها: زوج وأُم وأُختان لأُم، وأُختان لأب وأُم، للزوج النصف، وللأُم السدس، وللأختين من الأب والأُم الثلثان: وللأختين من الأُم الثلث، فأصلها من ستة، وتعول إلى عشرة، وتسمى هذه المسألة [الشريحية]. وذلك أنه روي أن رجلاً أتى شريحًا [وهو قاضي البصرة] فاستفتاه عن نصيب الزوج من زوجته؟ فقال: له النصف مع عدم الولد وولد الابن، والربع مع وجود الولد وولد الابن، فقال: امرأتي ماتت وخلفتني وأُمها وأختيها من أُمها، وأُختيها من أمها وأبيها، فقال: له إذاً ثلاثة من عشرة، فخرج الرجل من عنده وهو يقول: لم أر كقاضيكم، قد سألت نصيب الزوج من امرأته فقال: كيت وكيت، فلما قصصت له أمري لم يعطني بما قال أعلاه ولا أدناه.

وكان الرجل يلقى الفقيه، ويستفتيه مطلقًا عن امرأة ماتت ولم تخلف ولداً ولا ولد ابن، فيقول: له منها النصف، فيقول: ما أعطيت نصفًا ولا ثلثًا، فيقال له: من أعطاك هذا؟ فيقول: شريح، فيلقى الفقيه شريحًا فيخبره الخبر. وكان الرجل يقول ذلك لكل من يلقاه هذا. فكان شريح إذا لقي الرجل بعد يقول له: إذا رأيتني ذكرتَ

لي حكمًا جائرًا، وإذا رأيتك ذكرت أنك رجل فاجر، تبين لي أنك تشيع الفاحشة، وتكتم القضية.

وتسمى هذه المسألة أيضًا [أم الفروخ] لكثرة عولها، فشبهت الأربعة الزائدة بالفروخ.

ومثلها في العول إلى عشرة: زوج، وأُم، وإخوة، وأخوات لأُم، وأُخت لأب وأُم، وأخت أو أخوات لأب فأصلها من ستة، وتعول إلى عشرة، للزوج النصف: ثلاثة أسهم، وللأُخت من الأبوين النصف: ثلاثة أسهم، وللأُم السدس: سهم، ولأولاد الأُم الثلث: سهمان، وللأُخت للأب السدس: سهم. وهذه المسألة اجتماعية، وقد أعطي فيها ولد الأبوين، وولد الأب مع استكمال الفريضة بالإجماع، بخلاف الشركة التي سقط فيها ولد الأبوين مع ولد الأُم [على مذهب أبي حنيفة، وأحمد]. والعلة لمن أسقطهم هناك وأعطاهم هنا: أن الإخوة من الأبوين يرثون بالتعصيب، وذوو التعصيب إنما يرثون ما بقي من ذوي الفروض، وفي مسألة المشتركة استغرق المال ذوو الفروض، فلم يبق للتعصيب حكم في هذه المسألة، فالأُخت من الأبوين، والأُخت من الأب ترثان بالفرض، وذوو الفرض يفرض لهم، وإن ضاقت السهام بالإجماع ففرض لهم، وأعيلت المسألة.

ومن المسائل الاجتماعية في العول الملقبة بـ[الغراءِ] وهي: زوج، وأم، وثلاث أخوات مفترقات: للزوج النصف، وللأُم السدس، وللأُخت من الأبوين النصف، وللأُخت من الأب السدس وللأُخت من الأُم السدس. فأصلها من ستة وتعول إلى تسعة، وسميت بالغراءِ: لأن الزوج أراد أن يأخذ نصف المال، فسأل فقهاء الحجاز. فقالوا: له النصف عائلاً، فشاع ذكرها، فسميت الغراء تشبيهًا بالكوكب الأغر، وقيل: إن الميتة كان اسمها الغراء، فسميت فريضتها بها.

ومن المسائل الخلافية في الجد: أُخت لأب وأُم، وأُخت لأب وجد؟ فقال مالك والشافعي وأحمد: الفريضة بين الأُختين والجد على أربعة أسهم: للجد سهمان، ولكل أُخت سهم، ثم أرجعت الأُخت من الأبوين على الأخت للأب، فأخذت مما في يدها حتى استكملت النصف، فإن كان مع التي من قبل الأب أخوها، فإن المال بين الجد والأخ والأختين على ستة أسهم للجد سهمان وللأخ سهمان، ولكل أخت سهم، ثم رجعت الأخت من الأبوين على الأخ والأخت من الأب فأخذت مما في أيديهما حتى استكملت النصف، فتصبح الفريضة من ثمانية عشر سهمًا للجد ستة أسهم، وللأُخت للأب والأُم تسعة أسهم، وللأخ من الأب سهمان، وللأُخت من الأب سهم، وقال أبو حنيفة: المال كله للجد.

ومن المسائل الإجماعية الملقبة: زوج وأُخت لأب وأُم، وأُخت لأب: للزوج النصف، وللأُخت النصف، وهذه المسألة تسمى اليمية، لأنه ليس في الفرائض مسألة فيها شخصان يرثان المال جمعيه بفرضين غير هذه المسألة فاعرف.

وأجمعوا على أن: البنت لا تسقط الإخوة ولا العمومة، وإنما يفرض لها فرضًا: النصف مع العصبات.

واتفقوا على أن: من خلف ابني عم، وأحدهما أخ لأُم، فإن للأخ من الأُم السدس؛ والباقي بينهما نصفين.

وأجمعوا على: الأنبياء صلوات الله عليهم وسلامه لم يُورثوا، وأن الذي خلّفوه صدقةٌ مصروفة في المصالح.

واتفقوا على أن: المولى المنعِم مقدم على ذوي الأرحام، إلا في إحدى الروايتين عن أحمد: أن ذوي الأرحام يقدمون على المولى المنعم.

واختلفوا: فيما إذا اجتمع في الشخص الواحد سببان يورث بهما: فرض وتعصيب، فهل يورث بهما أو بأقواهما ويسقط الأضعف، وسواء اتفق ذلك في المسلمين أو في غيرهم من المجوس.

فأما في المسلمين فمثل أن يكون ابن عم وأخا لأُم، وابن عم وزوجًا، وأُما في المجوس فكالأُم تكون أُختا، وأُختا تكون بنتًا؟ فقال أبو حنيفة وأَحمد: يرث كل واحد منهم بالسببين جميعًا، وقال الشافعي ومالك: يرث المسلم بالسببين، ويرث المجوسي بأقوى السببين، ويسقط أضعفهما.

وأجمعوا على أن: فرض الابنتين الثلثان، لا خلاف بينهم فيه.

وأجمعوا على أنه: إذا استكمل بنات الصلب الثلثين، فلا شيء لبنات الابن، إلا أن يكون معهن ذكر فيعصبهن ولا يسقطهن، كما قدمناه.

وأجمعوا على أن: ولد الابن إذا كانوا مع بنت الصلب؛ أخذوا ما بقي بالتعصيب ولم يخص الإناث منهن بالسدس.

وأجمعوا على أن: بنات الابن إذا كان معهن ذكر، أنزل منهن عصبهن، كما قدمنا ذكره.

وأجمعوا على أن: العبد والكافر لا يرثان، فكذلك لا يحجبان.

وأجمعوا على أن: الجد يقاسم الأخوات من الأب، أو من الأبوين، كما يقاسم الإخوة منهم، وإن انفردن عن إخواتهن، إلا أبا حنيفة، فإنه على أصله في إسقاطه.

وأجمعوا على أنه: إذا كان مع الإخوة للأبوين أو الأخوات لأب، فإنهم يعادّون الجد بهم في المقاسمة، كما وصفنا من قبل، ثم يرجع ولد الأبوين على ولد الأب، فيأخذون تمام حقوقهم منهم، فإن فضل بعد استيفاء حقوق ولد الأبوين شيء كان لولد الأب، وإن لم يفضل فلا شيء لهم، ومعنى المعادّة: أن مذهب الفقهاء أنهم

يعدّون أولاد الأب مع الجد إضراراً به؛ فإذا أخذ الجد سهمه من الميراث أجرى ولد الأبوين وولد الأب فيما بقي على حكمهم لو انفردوا بالميراث.

واتفقوا على أن: الجدات ترث منهن اثنتان: أم الأُم إذا لم تكن الأُم حية، وأُم الأب إذا لم يكن الأب موجوداً. إلا [في حدى الروايتين] عن أحمد أنه قال: ترث أُم الأب وابنها الأب حي.

باب ميراث الولاء

واتفقوا على أن: الرجل أو المرأة، إذا أعتق كل منهما مملوكه عتقًا مطلقًا، باشره به متبرعًا، وهو أن يقول له: أنت حر؛ فإن ميراث هذا المعتق، إذا مات ولم يخلف وارثًا من عصبة ولا ذي فرض ورحم ل «معتقه» ولورثته الذكور من بعده ما تناسلوا، ثم لورثته على سبيل التعصيب.

واتفقوا على أن: المولي إذا أعتق عبده أيضًا عتقًا بشرط أداء مال الكتابة أو على التدبير؛ أو على غير ذلك من الشروط، أن هذا كالأول.

واتفقوا على أنه: إذا اتفق الدّينان بين المعتِق والمعتَق، فالميراث ثابت.

ثم اختلفوا: فيما إذا اختلف الدينان بينهما، فكان أحدهما مسلمًا والآخر يهوديًا أو نصرانيًا" فقال أبو حنيفة والشافعي: لا يستحق الإرث بالولاءِ مع اختلاف الدين، بل يكون موقوفًا: فإن أسلم ورثه السيد، وإن مات قبل أن يسلم كان ميراثه للمسلمين، وقال أحمد: يرثه وإن اختلف الدينان؛ [فيما رواه المروزي والفضل بن زياد] وقد روى أبو طالب أن: **«الولاء شعبة من الرق»**؛ وكان ظاهره، أنه يأخذه لا على سبيل الميراث، ذكره القاضي أبو يعلى في المجرد.

واتفقوا على أنه: إذا قال رجل لرجل آخر: أعتق عبدك عني، وعليّ ثمنه أو قيمته أن الولاء يكون للمعتق عنه.

واتفقوا على أن: من ملك والديه وإن علو، أو أولاده وإن سفلوا، فإنهم يعتقون بنفس الشراء، وأن ولاءهم له.

واتفقوا على أن: ولاءَ المدبر والمكاتب لسيدهم.

واتفقوا على أن: ولاءَ أُم الولد لسيدها، وإن كانت لا تعتق إلا بموته، وكذلك

المدبر، إلا أن الإجماع حصل على أن الولاء له؛ لأنه هو السبب في عتقه، وترثه عصبته، بعده.

واتفقوا على أن: النساءَ يرثن بالولاءِ من أعتقنه أو أعتق من أعتقنه، أو كاتبنه أو كاتب من كاتبنه.

ثم اتفقوا على أنه: لا يدخل النساء في ميراث الولاء بعد ذلك إلا بنت المعتق، فإنهم اختلفوا فيها؟ فقال أبو حنيفة ومالك والشافعي: لا ترث من الولاء.

واختلف عن أحمد: فروي عنه: أنها لا ترث، كقول الجماعة [وهي اختيار عبدالعزيز] وروي عنه أنها ترث من عتق أبيها احتجاجًا بالحديث أن النبي ﷺ ورّث ابنة حمزة من الذي أعتقه حمزة.

وكيفية توريثها [على هذه الرواية] عن أحمد: على ثلاثة أقسام لا ينفك عنها أن تكون: منفردة لا وارث معها، فترث المال كله بالتعصيب، أو يكون معها ذو فرض من أقارب الميت، فإنها تأخذ الباقي بالتعصيب، أو يكون معها أخوها، فإنه يقاسمها: للذكر مثل حظ الأُنثيين.

وقد ذكر القُرَبيُّ عن أحمد أنها إنما ترث إذا كان معها أخوها خاصة، فإنه يقاسمها: للذكر مثل حظ الأُنثيين. وهذا لم يعتمده أصحابه ولم يثبتوا فيه عن صاحبهم نصًا.

واتفقوا على أن: الأب يجر الولاء، لا خلاف بينهم فيه.

كتاب النكاح

أولاً: مدخل عام:

النكاح أو الزواج: هو عقد يفيد حل استمتاع كل من الزوجين بصاحبه. وهو مشروع بقول تعالى: ﴿ **فَانكِحُوا مَا طَابَ لَكُم مِّنَ النِّسَاءِ مَثْنَىٰ وَثُلَاثَ وَرُبَاعَ** ﴾(١) وبقوله سبحانه: ﴿ **وَأَنكِحُوا الْأَيَامَىٰ مِنكُمْ وَالصَّالِحِينَ مِنْ عِبَادِكُمْ وَإِمَائِكُمْ** ﴾(٢) وهو يجب على من قدر على مؤونته وخاف على نفسه من الحرام. قال ﷺ: «**يا معشر الشباب، من استطاع منكم الباءة فليتزوج فإنه أغضّ للبصر وأحصن للفرج**»(٣).

ثانياً: مواطن الإجماع والاتفاق:

واتفقوا على أن: النكاح من العقود الشرعية المسنونة بأصل الشرع، قال الله تعالى: ﴿ **فَانكِحُوا مَا طَابَ لَكُم مِّنَ النِّسَاءِ مَثْنَىٰ وَثُلَاثَ وَرُبَاعَ** ﴾.

واتفقوا على أن: من تاقت نفسه إليه وخاف العنت فإنه يتأكد في حقه، ويكون أفضل له من الحج التطوع، والجهاد التطوع، والصلاة والصوم المتطوع بهما، وزاد أحمد، فبلغ به إلى الوجوب مع الشرطين. وهما أن تتوق نفسه، ويخاف العنت (رواية واحدة).

واتفقوا على أنه: من تاقت نفسه إليه وأمن العنت له أن يَتزوج إجماعًا أيضًا، وهل يجب في حقه [في مذهب أحمد] أم لا؟ اختلف أصحابه، فعلى اختيار أبي بكر عبدالعزيز، وأبي حفص البرمكي: يجب؛ لأنهما أخذا بالوجوب في الجملة، ولم يفرقا، واختار الباقون الاستحباب.

---

(١) النساء: من الآية ٣.

(٢) النور: من الآية ٣٢.

(٣) متفق عليه.

واتفقوا على أن: من أراد تزوج امرأة فله أن ينظر منها ما ليس بعورة، إلا أن مالكًا شرط في جواز ذلك أن لا يكون على إغفال؛ وقد سبق بياننا لحد العورة واختلافهم فيها في كتاب الصلاة.

واتفقوا على أن: الأب يملك تزويج البكر الصغيرة من بناته، ما عدا هذه الرواية [عن أحمد] التي ذكرت آنفًا.

واتفقوا على أنه: لا يجوز للمرأة أن تتزوج بعبدها.

واتفقوا على أنه: متى ملكت المرأةُ زوجها أو شقصًا منه حرمت عليه وانفسخ النكاح بينهما.

واتفقوا على أن: الزوج إذا ملك زوجته أو شقصًا منها انفسخ النكاح بينهما.

واتفقوا على أن: البنت الكبيرة لا تجبر على النكاح.

واتفقوا على أن: العدل إذا كان وليًا في النكاح فولايته صحيحة.

واتفقوا على أن: حضور الشاهدين العدلين ينعقد بهما النكاح مع الولي.

واتفقوا على أن: المسلم يجوز له أن يتزوج الكتابيات الحرائر.

وأجمعوا على أن: العتق لها واقع صحيح.

واتفقوا على أن: الولاية في النكاح لا تثبت إلا لمن يرث بالتعصيب [عدا رواية عن أبي حنيفة]: أن الولي كل وارث، سواء كان إرثه بفرض أو تعصيب.

باب شروط الكفاءة

مواطن الإجماع والاتفاق:

واتفقوا على أنه: إذا قال الولي: زوجتك أو أنكحتك، فقال الزوج: قبلت هذا النكاح، أو رضيت هذا النكاح، فإنه ينعقد النكاح إذا كان مع بقية شروطه المذكورة [على اختلافهم فيها].

واتفقوا على أنه: لا يجوز للحر أن يجمع بين أكثر من أربع حرائر.

واتفقوا على أن: المرأة المحصنة بالزواج إذا زنت لم يفسخ نكاحها من زوجها.

واتفقوا على أنه: لا يجوز الجمع بين نكاح الخامسة والرابعة في العدة، ولا بين الأُخت وأُختها في العدة، وأنه لا يجوز أن يتزوج بكل واحد ممن يحرم عليه الجميع بينهما وبين المعتدة منه، إذا كان المعتدات المذكورات معتدات من طلاق رجعي.

واتفقوا على أنه: لا يجوز الجمع بين الأُختين في استباحة الوطءِ بملك اليمين ولا بعقد النكاح.

واتفقوا على أنه: لا يجوز الجمع بين المرأة وعمتها، ولا بين المرأة وخالتها.

واتفقوا على أن: نفس العقد على المرأة يحرِّم أُمها على العاقد على التأبيد، وأنه لا يعتبر الوطء في ذلك.

واتفقوا على أن: الرجل إذا دخل بزوجته، حرمت عله بنتها على التأبيد، وإن لم تكن الربيبة في حجره.

واتفقوا على أنه: لا يجوز للمسلم نكاح المجوسيات ولا الوثنيات ولا غيرهن من أنواع المشركات - اللاتي لا كتاب لهن - سواء في ذلك حرائرهن وإماؤهن.

وأجمعوا: على أن المحرمات في كتاب الله عز وجل أربع عشرة: سبع من جهة النسب، وسبع من جهة السبب: فالأُم، والجدة: وإن علت سواء كان من قبل الأب أو

الأُم، والبنت، وبنت الولد وإِن سفلن، والأخوات وبناتهن وإِن سفلن. والعمة، ويجوز تزويج بنتها، والخالة ويجوز تزويج بنتها، وبنات الأخ وإِن سفلن وبنات الأُخت وإِن سفلن.

وأما المحرمات بالسبب فهن: الأُمهات من الرضاعة، وأمهاتهن وإِن بَعْدْن، والأُخت من الرضاعة وبناتها وإِن سفلن، وأُم امرأة الرجل وجدتها وإِن بعُدْن، سواء دخل بالمرأة أو لم يدخل. والربائب المدخول بأُمهاتهن، وحليلة الابن وإِن سفل محرمة على الأب وإِن علا، وسواء دخل الابن بامرأته أو لم يدخل، والجمع بين الأُختين من النسب والرضاع؛ وامرأة الأب محرمة على ابنه وإِن سفل، وكذلك امرأة الجد وإِن علا.

وحَرَّمَت السِّنة الجمع بين المرأة وعمتها، أو بينها وبين خالتها كما قدمنا، وبين كل امرأتين لو كانت كل واحدة منهما رجلاً لم يجز أن يتزوج بالأخرى.

واتفقوا: على أن عمة العمة تنزل في التحريم منزلة العمة، وإِذا كانت العمة الأولى أُخت الأب لأبيه.

واتفقوا على أنه: خالة الخالة تنزل في التحريم منزلة الخالة، إِذا كانت الخالة الأُولى أُخت الأُم لأُمها.

واتفقوا على أنه: لا يجوز للرجل أن يأتي زوجته، ولا أمته في الموضع المكروه، إِلا ما يروى عن مالك، ويعزى إِلى قول الشافعي.

قال الوزير: والصحيح أن ذلك غير جائز، لأن الله سبحانه وتعالى يقول: ﴿**نِسَاؤُكُمْ حَرْثٌ لَّكُمْ**﴾ والحرث هو: ما يزكو فيه البذر، وذلك الموضع هو موضع فرث، وليس بموضع حرث.

واتفقوا: على أنه لا يجب على الأب الحد بوطء جارية ابنه.

وأجمعوا على أن: نكاح المتعة باطل، لا خلاف بينهم في ذلك.

وأجمعوا على أن: المسلم يحل له أمته الكتابية دون المجوسية والوثنية وسائر أنواع الكفار.

واتفقوا: على أن المرأة إذا أصابت زوجها عُنَّةٌ فإنه يؤجل سنة.

باب كيفية الصداق

أولاً: تمهيد عام:

المهر أو الصداق: فهو المبلغ الذي تعطاه المرأة من أجل حل استمتاع الرجل بها، وهو واجب على الرجل لقول تعالى: ﴿ **وَآتُوا النِّسَاءَ صَدُقَاتِهِنَّ نِحْلَةً** ﴾[1] وقوله ﷺ: «**التمس ولو خاتماً من حديد**»[2].

ثانياً: مواطن الإجماع والاتفاق:

واتفقوا على أن: الصداق مشروع لقوله عز وجل: ﴿ **وَآتُوا النِّسَاءَ صَدُقَاتِهِنَّ نِحْلَةً** ﴾.

باب الوليمة

مواطن الإجماع والاتفاق:

واتفقوا على أن: وليمة العرس مستحبة.

وأجمعوا على أنه: ليس له العزل عن الحرة إلا بإذنها.

واتفقوا على أن: عماد القسم الليل، فلو وطئ الزوج إحدى زوجتيه في ليلتها ولم يطأ الأخرى لم يأثم.

---

(١) النساء من الآية ٤.

(٢) متفق عليه.

واتفقوا على أن: الأمة على النصف من حق الحرة في القَسْم، إلا أن مالكًا رويت عنه روايتان إحداهما كمذهب الجماعة والأخرى بالتسوية بينهما، ولها نصر أصحابه.

باب النشوز

واتفقوا على: أنه يجوزللرجل أن يضرب زوجته إن نشزت بعد أن يعظها ويهجرها في المضجع.

واتفقوا على أنه: إذا وقع الشقاق بين الزوجين، وخيف عليهما لأن يخرجهما ذلك إلى العصيان، فإنه يبعث الحاكم حَكَمًا من أهله وَحَكَمًا من أهلها.

باب الخلع

أولاً: مدخل عام:

الخلع: هو افتداء المرأة من زوجها إذا كانت كارهة له بمال تدفعه إليه ليخلي سبيلها. وهو جائز لقول ﷺ لامرأة ثابت بن قيس التي كرهته: «**أتردين عليه حديقته؟ قالت: نعم، فقال رسول الله لزوجها: اقبل الحديقة وطلقها تطليقة**»[1].

ثانيًا: مواطن الإجماع والاتفاق:

واتفقوا على أنه: يصح الخلع مع استقامة الحالة بين الزوجين.

واتفقوا على أنه: إذا خالعها على رضاع ولدها سنتين جاز له ذلك، فإن مات ولدها قبل الحولين؟ فقال أبو حنيفة وأحمد: يرجع عليها بقيمة الرضاع المدة

---

(١) أخرجه البخاري وكانت المرأة قد قالت عن زوجها - لرسول الله ﷺ: **يا رسول الله، ما أعتب عليه في خلق ولا دين، ولكني أكره الكفر بعد الإسلام**. فقال لها ما ورد بالمتن.

المشروطة، وقال مالك: لا يرجع بشيء [في إحدى الروايتين عنه]، والأُخرى، كمذهب أبي حنيفة وأحمد، والشافعي فيه قولان: أحدهما: يسقط الرضاع ولا يقوم غير الولد مقامه، والثاني: لا يسقط بل يأتيها بولد آخر مثله ترضعه، فعلى القول الأول: إلى ماذا ترجع؟ إلى مهر المثل أو أجرة الرضاع [قولان] جديدهما: ترجع إلى مهر المثل، وقديمها: إلى أجرة الرضاع.

باب الطلاق

أولاً: مدخل عام:

الطلاق: هو حل رابطة الزوجية بلفظ صريح، كقول الزوج لها: أنت طالق، أو كناية كاذهبي إلى أهلك. والطلاق مباح لرفع الضرر عن أحد الزوجين لقوله تعالى: ﴿**الطَّلاقُ مَرَّتَانِ فَإِمْسَاكٌ بِمَعْرُوفٍ أَوْ تَسْرِيحٌ بِإِحْسَانٍ**﴾(١) وقوله جل شأنه: ﴿**يَا أَيُّهَا النَّبِيُّ إِذَا طَلَّقْتُمُ النِّسَاءَ فَطَلِّقُوهُنَّ لِعِدَّتِهِنَّ**﴾(٢).

ثانياً: مواطن الإجماع والاتفاق:

وأجمعوا على أن: الطلاق في حال استقامة الزوجين مكروه غير مستحب، إلا أن أبا حنيفة قال: هو حرام مع استقامة الحال.

واتفقوا على أن: الطلاق في الحيض لمدخول بها والطهر المجامع فيه محرم، إلا أنه يقع.

واتفقوا على أن: الطلاق الثلاث بكلمة واحدة أو بكلمات في حالة واحدة أو في طهر واحد يقع، ولم يختلفوا في ذلك.

---

(١) البقرة: من الآية ٢٢٩.

(٢) الطلاق: من الآية ١.

واتفق: أصحاب أبي حنيفة ومالك والشافعي وأحمد على أن من قال لزوجته: إن طلقتك فأنت طالق قبله ثلاثًا، ثم طلقها بعد هذا اليمين، فإن الطلاق الذي أوقعه منجزاً يقع، ويقع بالشرط تمام الثلاث في الحال.

باب الكنايات

أولاً: مدخل عام:

الكناية قد تكون خفية، فيحتاج وقوع الطلاق معها إلى النية، فمن يقول لزوجته: الحقي بأهلك دون أن ينوي الطلاق لا يعد هذا طلاقًا. وقد تكون الكناية ظاهرة فيقع الطلاق بمجرد التلفظ بها دون حاجة إلى نية كقول الرجل لزوجته: «أنت خلية».

ثانيًا: مواطن الإجماع والاتفاق:

واتفقوا على أن: الطلاق، والفراق، والسراح، متى أوقع المكلف لفظة منها، وقع بها الطلاق، وإن لم ينوه، إلا أبا حنيفة فإنه قال: السراح والفراق إن لم ينوه لم يقع.

واتفقوا على أنه: إذا قال الزوج لغير المدخول بها: أنت طالق ثلاثًا، طلقت ثلاثًا.

واتفقوا على أنه: إذا قال لها: أنت طالق نصف طلقة، وقعت طلقة.

باب الرجعة

أولاً: مدخل عام:

إذا كان الطلاق رجعيًا حق للزوج إن يراجع مطلقته ولو بدون رضاها لقوله تعالى: ﴿وَبُعُولَتُهُنَّ أَحَقُّ بِرَدِّهِنَّ فِي ذَلِكَ إِنْ أَرَادُوا إِصْلَاحًا﴾(١) ولقوله ﷺ(٢) لابن عمر بعد أن كان قد طلق زوجته: «راجعها».

ثانيًا: مواطن الإجماع والاتفاق:

واتفقوا على أن: للرجل أن يراجع المطلقة الرجعية.

واتفقوا على أنه: إذا طلق ثلاثًا فلا تحل له حتى تنكح زوجًا غيره.

واتفقوا على أن: النكاح ها هنا هو الإصابة.

واتفقوا على أنه: شرط في جواز عودها إلى الأول.

واتفقوا على أنه: إنما يقع الحل بالوطء في النكاح الصحيح، فإن كان الوطء في نكاح فاسد، فاتفقوا كلهم على: أن الإباحة لا تحصل به، إلا في أحد قولي الشافعي.

---

(١) البقرة: من الآية ٢٢٨.

(٢) أخرجه مسلم.

باب الإيلاء

أولاً: مدخل عام:

الإيلاء: هو حلف الرجل بالله عز وجل أن لا يطأ زوجته مدة تزيد على أربعة أشهر، وهو جائز لتأديب الزوجة إن كان أقل من أربعة أشهر لقول تعالى: ﴿**لِلَّذِينَ يُؤْلُونَ مِن نِّسَائِهِمْ تَرَبُّصُ أَرْبَعَةِ أَشْهُرٍ فَإِن فَاءُوا فَإِنَّ اللَّهَ غَفُورٌ رَّحِيمٌ**﴾[1] وهو يحرم إن كان لقصد الإضرار بالزوجة لا لتأديبها لقوله ﷺ: «**لا ضرر ولا ضرار**»[2].

واتفقوا على أنه: إذا حلف بالله تعالى أن لا يجامع زوجته أكثر من أربعة أشهر كان موليًا، فإن حلف أن لا يقربها أقل من أربعة أشهر لم يتعلق به أحكام الإيلاء.

واتفقوا على أنه: لا يقع عليه طلاق، ولا يوقف حتى تمضي عليه أربعة أشهر. فإذا مضت؛ فهل يقع الطلاق بمضيها أو يوقف؟ فقال مالك والشافعي وأحمد: لا يقع بمضي المدة طلاق حتى يوقف ليفي أو يطلق، وقال أبو حنيفة: إذا مضت المدة طلقت ولا يوقف.

واختلف من قال: يوقف لها بعد الأربعة أشهر: فيما إذا امتنع من الطلاق، فهل يطلق الحاكم عليه؟ فقال مالك وأحمد: يطلق الحاكم عليه، وروي عن أحمد: يضيق عليه حتى يطلق، وعن الشافعي كالمذهبين.

---

(١) البقرة: من الآية ٢٢٦.

(٢) أخرجه أحمد وابن ماجه بسند حسن وانظر كتابنا: مستقبل التشريع الإسلامي - ٣ - لا ضرر ولا ضرار في الإسلام ١٤٠٦هـ.

باب الظهار

أولاً: مدخل عام:

الظهار: هو أن يقول الرجل لزوجته: أنت عليّ كظهر أمي، وهو يحرم لكونه منكرًا وزورًا. قال تعالى في المظاهرين: ﴿ **وَإِنَّهُمْ لَيَقُولُونَ مُنكَرًا مِّنَ الْقَوْلِ وَزُورًا** ﴾[1].

ثانيًا: مواطن الإجماع والاتفاق:

واتفقوا على أنه: إذا قال لزوجته: أنت عليّ كظهر أُمي، فإنه مظاهر، لا يحل له وطؤها حتى يقدم الكفارة، وهي: عتق رقبة إن وَجَدَ، فإن لم يجد صام شهرين متتابعين، فإن لم يستطع أطعم ستين مسكينًا.

واتفقوا على أن: الظهار يصح من العبد، وأنه يكفرّ بالصوم وبالإطعام إن ملكه السيد (عند مالك خاصة).

واتفقوا على أنه: لا يجوز المسيس حتى يكفِّر.

---

(١) المجادلة: من الآية ٢.

باب القذف واللعان

أولاً: مدخل عام:

اللعان: هو قيام الرجل برمي زوجته بالزنا أو بنفي أن يكون حملها منه، فيرفع الأمر للقاضي الذي يُلزم بالإتيان بأربعة شهود يشهدون على رؤية الزنا، فإن لم يقم البينة لاعن القاضي بينهما، فيشهد الزوج أربع شهادات على زناها أو نفي الحمل منه ويقول: لعنة الله عليه إن كان من الكاذبين، ثم إن اعترفت الزوجة بالزنا أقيم عليها الحد، وإن لم تعترف شهدت أربع شهادات بالله أنه لمن الكاذبين وتقول: غضب الله عليها إن كان من الصادقين، ثم يفرق القاضي بينهما فلا يجتمعان بعد ذلك أبداً. وهذا مشروع بالكتاب على ما يلي، وبالسنة ومنها قوله ﷺ: «**المتلاعنان إذا تفرقا لا يجتمعان أبداً**»[١].

ثانياً: مواطن الإجماع والاتفاق:

وأجمعوا على أن: من قذف امرأته بالزنا ولا شاهد له على ذلك سوى نفسه، فإنه يكرر اليمين أربع مكرات «بالله إِنَّهُ لَمِنَ الصادِقِين» ثم يقول في[٢] ﴿**الخَامِسَةُ أن لَعْنَتَ اللَّه عَلَيْه إن كَانَ مِنَ الْكَاذِبِينَ**﴾[٢] ويلزمها حينئذ الحد، والذي يدرؤه عنها: ﴿**أَن تَشْهَدَ أَرْبَعَ شَهَادَاتٍ بِاللَّه إِنَّهُ لَمِنَ الْكَاذِبِينَ**﴾، ثم تقول في الخامسة: ﴿**أَنَّ غَضَبَ اللَّهِ عَلَيْهَا إن كَانَ مِنَ الصَّادِقِينَ**﴾.

(١و٢) انظر: سورة النور الآيات ٧،٨،٩ . الأحاديث كثيرة في هذا الباب ومن أظهرها حديث عويمر العجلاني المتفق عليه.

(٢) هكذا في الأصل وأبقيناه كما هو رغم دور حرف الجر فيما بعده، لأن ما بعده جزء من آية، ولعدم التصرف في المخطوطة.

قال الوزير: ومن الفقهاء من اشترط أن يزاد بعد قوله من الصادقين فيما رماها به من الزنا، وكذلك اشترط في نفيها عن نفسها أن تقول فيما رماني به من الزنا.

قال الوزير: ولا أراه يحتاج إلى ذلك؛ لأن الله سبحانه وتعالى أنزل ذلك وبينه، ولم يذكر فيه هذا الاشتراط، وذلك [فيما أرى]؛ لأنه إذا قال من الصادقين [بالألف واللام] فإنه يستغرق الجنس، فلو كذب في عمده كذبة لم يكن من الصادقين، فكيف في هذه الحال التي لاعن فيها؛ وقول سبحانه وتعالى: ﴿ **وَيَدْرَأُ عَنْهَا الْعَذَابَ أَن تَشْهَدَ أَرْبَعَ شَهَادَاتٍ بِاللَّهِ إِنَّهُ لَمِنَ الْكَاذِبِينَ ﴿٨﴾ وَالْخَامِسَةَ أَنَّ غَضَبَ اللَّهِ عَلَيْهَا إِن كَانَ مِنَ الصَّادِقِينَ** ﴾ من غير زيادة عليها أيضاً. فإن نكل الزوج عن اللعان، فإن عليه حد القذف [عند مالك والشافعي وأحمد] وقال أبوحنيفة: لاحد عليه: ويحبس حتى يلاعن أو يُقر، فإن نكلت الزوجة عن اللعان لم تحد [عند أبي حنيفة وأحمد: في أظهر روايتيه] وحبست حتى تلاعِنَ أو تقر بالزنا. وعن أحمد [رواية أخرى] تخلى ولا تحبس. وقال مالك والشافعي: تحد إذا امتنعت من اللعان حد الزنا.

واتفقوا على أن: فرقة التلاعن واقعة.

واتفقوا على أنه: من قذف عبداً فإنه لا حد عليه، سواء كان العبد للقاذف أو لغيره.

واتفقوا: ما عدا مالكًا وإحدى الروايتين عن أحمد؛ على:

أنه إذا قال لعربي النسب: يا رومي، يا فارسي، فإنه لا حد عليه. وقال مالك وأحمد [في إحدى الروايتين]، على قائل ذلك للعربي: الحد.

واتفقوا: [إلا أبا حنيفة] على:

أن الأمة تصير فراشًا بالوطء إذا أقر السيد بوطئها، فما أتت به من ولد لحق سيدها، وقال أبو حنيفة: لا يلحقه من ذلك إلا ما أقر به.

باب صورة العدة

مواطن الإجماع والاتفاق:

واتفقوا على أن: العدة لازمة بالأقراءِ لمن تحيض.

واتفقوا على أن: عدة المتوفى عنها زوجها - إذا لم تكن حاملاً - أربعة أشهر وعشراً، ولا يعتبر فيها وجود الحيض، إلا مالكًا فإنه قال: يعتبر في حق المدخول بها إذا كانت ممن تحيض بوجود حيضه في كل شهر في هذه المدة.

واتفقوا على أن: عدة الحامل المتوفى عنها زوجها، أو المطلقة الحامل: أن تضع حملها.

باب المفقود

مواطن الإجماع والاتفاق:

وأجمعوا على أنه: يجوز قسم ماله، سوى مالك والشافعي، فإنهما قالا: لا يقسم حتى يتيقن موته.

واتفقوا على أن: أقل مدة الحمل ستة أشهر.

باب الرضاع

مواطن الإجماع والاتفاق:

واتفقوا على أن: الرضاع يحرم منه ما يحرم من النسب.

واتفقوا على أن: رضاع الكبير غير محرِمِ.

واتفقوا على أن: التحريم بالرضاع يثبت في سنتين.

واتفقوا على أن: تحريم الرضاع إنما يجب به التحريم إذا كان من لبن الأنثى.

واتفقوا على أن: ذلك مقصورعلى الآدميات، وإن طفلين: لو ارتضعا من لبن بهيمة لم يثبت بينهما أخوة الرضاع.

واتفقوا على أن: رجلاً لو در له لبن، فأرضع منه، لم يثبت بذلك تحريم الرضاع.

واتفقوا على أنه: يتعلق التحريم بالسعوط والوجور [إلا في إحدى الروايتين عن أحمد] أنه لا يثبت التحريم إلا بالرضاع من الثدي، واختارها عبدالعزيز، [والأُخرى اختارها الخرقي].

واتفقوا على أن: الحقنة باللبن لا توجب الحرمة كالرضاع. وقد روى الشافعي [في القديم] أنها تحرمه كالرضاع، وقد روى عن مالك نحوه [من رواية أشهب] وقال ابن القاسم: إن وقع الغذاء به تثبت الحرمة.

واتفقوا على أن: اللبن الخالص يحصل به حرمة الرضاع.

واتفقوا على أن: لبن الفحل يحرم، وهو أن ترضع المرأة صبية، فتحرم هذه الصبية علي زوج المرضعة وآبائه وأبنائه، ويصير الزوج الذي دره اللبن عن أعلاقه أبًا للمرضعة.

باب النفقات

واتفقوا على: وجوب نفقة الرجل: على من تلزمه نفقته؟ كالزوجة والولد الصغير والأب.

واتفقوا على أن: المرأة إذا سافرت بإذن زوجها في غير واجب عليها: أن نفقتها تسقط، إلا مالكًا والشافعي فإنهما قالا: لا تسقط نفقتها بذلك.

واتفقوا على أن: الأُم لا تجبر على إرضاع ولدها بحال، إلا مالكًا فإنه قال: يجب على الأُم إرضاع ولدها ما دامت في زوجية أبيه، إلا أن يكون مثلها لا يرضع لشرف وعزة، أو ليسار، أو لقسم، أو لقلة لبن، فحينئذ لا يحب عليها.

واتفقوا على أن: الناشز لا نفقة لها.

واتفقوا: فيما إذا بلغ الابن مريضًا أن النفقة واجبة على أبيه، فلو برئ من مرضه ثم عاوده المرض، أو كانت جارية مزوجة، ودخل بها الزوج ثم طلقها بعد ذلك، فقالوا: تعود النفقة على الأب، إلا مالكًا فإنه قال: لا تعود في الحالين.

باب الحضانة(١)

مواطن الإجماع والاتفاق:

واتفقوا على أن: الحضانة للأم ما لم تتزوج.

واتفقوا على أن: الأم إذا تزوجت، ودخل بها الزوج سقطت حضانتها.

(١) الباب السابق وهو باب نفقة الحيوان ليس فيه إجماع ولا اتفاق.

باب الجنايات

أولاً مدخل عام:

يقصد بالجناية: على النفس التعدي على الإنسان تعديًا مزهقًا للروح أو إتلاف بعض أعضائه أو إصابته بجرح في جسمه. وإزهاق الروح بدون حق حرام، وكذا إتلاف عضو من جسمه، وليس بعد الكفر ذنب أعظم من قتل المؤمن، وجزاء القاتل جهنم وبئس المصير. وقد قال ﷺ: «**أول ما يقضى بين الناس يوم القيامة في الدماء**»(١).

ثانيًا: مواطن الإجماع والاتفاق:

واتفقوا على أن: من قتل نفسًا مسلمة مكافئة له في الحرية، ولم يكن المقتول ابنًا للقاتل، وكان في قتله له متعديًا، بغير تأويل، واختار الولي القتل، فإنه يجب لقول الله تعالى: ﴿**وَلَكُمْ فِي الْقِصَاصِ حَيَاةٌ**﴾البقرة: ١٧٩ ﴿**وَكَتَبْنَا عَلَيْهِمْ فِيهَا أَنَّ النَّفْسَ بِالنَّفْسِ**﴾ المائدة: ٤٥.

واتفقوا على أن: السيد إذا قتل عبد نفسه فإنه لا يقتل به ولو كان متعمداً.

واتفقوا على أن: الابن إذا قتل أحد أبويه: مُثِّل به.

واتفقوا على أن: الكافر يقتل بقتل المسلم، وأن العبد يقتل بقتل الحر.

واتفقوا على أن: الرجل يقتل بالمرأة(٢)، والمرأة تقتل بالرجل، والعبد بالعبد.

---

(١) متفق عليه.

(٢) إذن المساواة مطلقة بين الرجل والمرأة من حيث العقوبة الأصلية، لكن إذا اختار أولياء الدم الدية وهي العقوبة البديلة، فقد انتقلوا إلى مجال التعويض فتتكون ديتها على النصف من دية الرجل، وليس في هذا أي انتقاص من مبدأ المساواة الذي تقرر في العقوبة الأصلية لا البديلة وفي هذا الرد الكافي على المستشرقين. والله أعلم.

واتفقوا على أنه: إذا شهد بالقتل شهود ولم يرجعوا على شهادتهم أن ذلك نافذ يعمل به.

واتفقوا على أنهم: إذا رجعوا بعد استيفاء القصاص، وقالوا: أخطأنا أنه لا يجب عليهم القصاص، وإنما تجب الدية.

واتفقوا على أنه: أنه إذا عفا أحد الأولياء من الرجال سقط القصاص وانتقل الأمر إلى الدية.

واتفقوا على أنه: إذا كان الأولياءُ حضوراً بالغين، وطالبوا لم يؤخر القصاص إلا أن يكون القاتل امرأة، وتكون حاملاً، فتؤخر حتى تضع.

واتفقوا على أنه: إذا كان الأولياءُ صغاراً أو غُيَّبًا فإنه يؤخر القصاص إلا أن أبا حنيفة قال في الصغار: إن كان لهم أب استوفى القصاص ولم يؤخر، فإن كان فيهم صغار، أو عُيَّبٌ أو مجنون، فقالوا كلهم: إن الغائب يؤخر القصاص لأجله حتى يقدم.

واتفقوا على أن: الأب ليس له أن يستوفي القصاص لولده الكبير.

باب السارق

أولاً: مدخل عام:

السرقة: أخذ المال من حرز على وجه الاختفاء. والسرقة كبيرة من الكبائر تستلزم قطع يد السارقة: وقد لعن رسول الله ﷺ السارق بقوله: «**لعن الله السارق يسرق البيضة فتقطع يده**»(١).

ثانياً: مواطن الإجماع والاتفاق:

واتفقوا على أن: الإمام إذا قطع السارق فسرى ذلك إلى نفسه: أنه لا ضمان عليه.

واتفقوا على أنه: لا تقطع اليد الصحيحة باليد الشلاء.

واتفقوا على أنه: لا تقطع يمين بيسار، ولا يسار بيمين.

واتفقوا على أن: من قتل في الحرم، جاز قتله في الحرم.

باب الدية

أولاً: مدخل عام:

الدية: هي ما يؤدى من المال لمن يستحق الدم وهي مشروعة لقوله تعالى: ﴿**وَدِيَةٌ مُّسَلَّمَةٌ إِلَىٰ أَهْلِهِ إِلَّآ أَن يَصَّدَّقُوا**﴾(٢) ولقوله ﷺ: «**من قتل له قتيل فهو بخير النظرين: إما أن يؤدى وإما أن يقاد**»(٣).

---

(١) متفق عليه.

(٢) النساء: من الآية ٩٢.

(٣) متفق عليه.

ثانياً: مواطن الإجماع والاتفاق:

واتفقوا على أن: دية الرجل الحر المسلم: المائة من الإبل في مال القاتل العامد إذا آل إلى الدية.

واتفقوا على أن: الجروح قصاص في كل ما يتأتى منه القصاص، ومن الجراح التي لا يتأتى فيها القصاص:

الخارصة، وهي: التي تشق الجلد قليلاً، وقيل: بل تكشطه ومنه قولهم: خرص القصارُ الثوبَ، أي: شقه، وتسمى: [القاشرة] وتسمى: [المليطاء].

ثم [الباضعة] وهي التي تشق اللحم بعد الجلد.

ثم [البازلة] وهي التي تنزل الدم وتسمى [الدامية]، و[الدامغة].

و[المتلاحمة] وهي: التي تغوص في اللحم.

و[السمحاق] وهي: التي يبقى بينها وبين العظم جلدة رقيقة.

فهذه الجراح الخمسة ليس فيها تقدير شرعي بإجماع الأئمة المذكورة [رضي الله عنهم] إلا ما روي عن أحمد أنه ذهب إلى حكم زيد في ذلك، وهو أن زيداً رضي الله عنه حكم في [الدامية] ببعير، وفي [الباضعة] ببعيرين، وفي [المتلاحمة] بثلاثة أبعرة، وفي [السمحاق] بأربعة أبعرة، وقال أحمد: فأنا ذاهب إليه، وهذه رواية أبي طالب المسكاني عن أحمد، والظاهر من مذهبه أنه لا مقدر فيها [كالجماعة] وهي الرواية المنصورة عند أصحابه.

وأجمعوا على أن: في كل واحدة منها حكومة بعد الاندمال، والحكومة: أن يُقوَّم المجني عليه قبل الجناية – كأنه كان عبداً – أو يقال: كم كانت قيمته قبل الجناية، وكم قيمته بعدها، فيكون له بقدر التفاوت من ديته.

وأجمعوا على أن: الموضحة فيها القصاص إذا كانت عمداً.

وأما الهاشمة، فهي: التي تكسر العظم وتهشمه: فقال أبو حنيفة والشافعي وأحمد: فيها عشر من الإبل، واختلف عن مالك، فقال [في رواية عنه] لا أعرف الهاشمة، فإذا أوضح وهشم فعليه [في الإيضاح] خمس من الإبل، وفي [الهشم] حكومة، وهي اختيار ابن القصاص (من أصحابه) وروى عنه أن فيها خمس عشرة من الإبل كما في المنقلة، وهذا اختيار الأبهري [من أصحابه]

وقال أشهب: فيها عشر من الإبل.

وأما المنقلة: التي توضح، وتهشم، وتسطو، حتى تنقل فيها العظام، ففيها خمسة عشر من الإبل بالإجماع.

وأما المأمومة: وهي التي تصل إلى جلدة الدماغ، وتسمى الأمة، ففيها ثلث الدية بالإجماع.

وأما الجائفة: وهي التي تصل إلى الجوف، ففيها ثلث الدية إجماعًا.

وأجمعوا على أن: العين بالعين، والأنف بالأنف، والأذن بالأذن. والسن بالسن.

وأجمعوا على أن: في العينين الدية كاملة.

وأجمعوا على أن: في الأنف إذا استوعب جدعه: الدية.

وأجمعوا على أن: في أشراف العينين، وهو: [الجلد القائم بين العذار والبياض الذي حولها] الدية، إلا مالكًا فإنه قد رويت عنه روايتان: إحداها فيها حكومة، والأخرى الدية كمذهب الجماعة.

وأجمعوا على أن: في الأجفان الأربعة الدية كاملة، وفي كل واحد منها ربع الدية إلا مالكًا فإنه قال: فيها حكومة.

وأجمعوا على أن: في اليدين (الدية) كاملة، وأن في كل واحدة منهما نصف الدية.

وأجمعوا على أن: في اللسان الدية.

وأجمعوا على أن: في الذكرِ الدية.

وأجمعوا على أن: في ذهاب العقل الدية.

وأجمعوا على أن: في ذهاب السمع الدية.

وأجمعوا على أنه: إذا ضرب رجل رجلاً، فذهب شعر لحيته فلم ينبت أن عليه الدية، إلا الشافعي ومالكًا، فإنهما قالا: فيها حكومة.

وأجمعوا على أن: دية المرأة الحرة في نفسها، على النصف من دية الحر المسلم.

واتفقوا على أن: من وطئ زوجته وليس مثلها يوطأ، فأفضاها، أن عليه الدية. فإن كان مثلها يوطأ، فأفضاها، فقال أبو حنيفة وأحمد: لا ضمان عليه. وقال الشافعي: عليه الدية، وعن مالك روايتان: إحداهما فيه حكومة [وهي أشهرهما] والأخرى: الدية.

واتفقوا على أن: الدية في قتل الخطأ على عاقلة المخطئ، وأنها تجب عليهم مؤجلة في ثلاث سنين.

باب القسامة

أولاً: عرض عام:

القسامة: هي حلف أولياء الدم، أي ورثة القتيل من الرجال دون النساء، خمسين يميناً موزعة عليهم بحسب إرثهم أن فلاناً قتل مورثهم الذي لم يشهد أحد قتله، فإذا حلفوا استحقوا دم الرجل المدعى عليه أو يعطون الدية، وإن نكل بعض الورثة عن الحلف سقط الحق، وحلف المدعى عليه خمسين يميناً وبرئ.

مواطن الإجماع والاتفاق:

واتفقوا على أن: القسامة مشروعة في القتيل إذا وجد ولم يعلم قاتله.

باب الكفارة

مواطن الإجماع والاتفاق:

واتفقوا على: وجود الكفارة في قتل الخطأ إذا كان المقتول حراً مسلماً.

واتفقوا على: أن الصبي والمجنون إذا قتلا وجبت الكفارة، إلا أبا حنيفة فإنه قال: لا تجب الكفارة.

واتفقوا على: أن كفارة قتل الخطأ: عتق رقبة مؤمنة، فإن لم يجد فصيام شهرين متتابعين.

وأجمعوا على: وجوب الدية في ذلك.

باب كيفية السحر

أولاً: عرض عام:

الساحر: هو من يتعاطى السحر ويعمل به وإن كان ما يأتيه من الأفعال أو بقول من الأقوال يكفر به فإنه يقتل لقوله ﷺ: «**حد الساحر ضربة بالسيف**»(١).

مواطن الإجماع والاتفاق:

وأجمعوا على أن: السحر له حقيقة، إلا أبا حنيفة فإنه قال: لا حقيقة له عندي.

باب المرتد والزنديق

أولاً: عرض عام:

المرتد: هو من ترك الإسلام إلى دين آخر مفسوخ كالنصرانية واليهودية أو غير دين كالملحدين والشيوعيين، شريطة أن يقع ذلك من عاقل مختار غير مكره وأن يثبت ذلك بطريقة جازمة.

والزنديق: هومن يظهر الإسلام ويبطن الكفر كمن يكذِّب بالبعث أو ينكر رسالة نبينا محمد ﷺ ولا يستطيع أن يصرح بذلك لخوف أو ضعف، وهو يستتاب فإن تاب وإلا يقتل حداً.

ثانياً: مواطن الإجماع والاتفاق:

واتفقوا على أن: المرتد عن الإسلام يجب عليه القتل.

واتفقوا: على أن الزنديق الذي يسر الكفر ويظهر الإسلام يقتل.

---

(١) الترمذي والدارقطني مرفوعًا وموقوفًا.

واتفقوا على أنه: تغنم أموالهم، فأما ذراريهم، فقال أبو حنيفة ومالك: إن ذراريهم الذين حدثوا بعد الردة لا يسترقون، بل يجبرون على الإسلام إذا بلغوا.

فأما ذراري ذراريهم فيسترقون، وقال أحمد: تسترق ذراريهم وذراري ذراريهم، وعن الشافعي في استرقاقهم قولان، فإن لم يسلموا فقال مالك: يقتلون.

وقال أبو حنيفة: يحبسون ويتعاهدون بالضرب، جذبًا إلى الإسلام.

باب قتل أهل البغي

أولاً: عرض عام:

أهل البغي: هم جماعة ذات قوة تخرج على إمام المسلمين بتأويل سائغ معقول، كأن يظنوا كفر الإمام أو ظلمه، فيرفضون طاعته، ويجب على الإمام شرعًا أن يتصل بهم ويسألهم عن أسباب خروجهم عليه، فإن كانت هناك مظلمة أزالها، وإن ادعوا شبهة كشف لهم وجه الحق، فإن فاؤوا إلى الحق قبل ذلك منهم وإلا وجب على كافة المسلمين قتالهم بما يكسر شوكتهم ويرغمهم على التسليم دون إبادتهم.

ثانياً: مواطن الإجماع والاتفاق:

واتفقوا على أنه: إذا خرج على إمام المسلمين طائفة ذات شوكة بتأويل مشتبه فإنه يباح قتالهم، حتى يفيئوا لقوله تعالى: ﴿**فَقَاتِلُوا الَّتِي تَبْغِي حَتَّىٰ تَفِيءَ إِلَىٰ أَمْرِ اللَّهِ**﴾ فإن فَاؤوا كفَّ عنهم ذلك.

واتفقوا على أنه: إذا أخذ البغاة خراج أرض، أو جزية ذمي، فإنه يلزم أهل العدل أن يحبسوا بذلك.

واتفقوا على أن: ما يتلفه أهل العدل على أهل البغي فلا ضمان فيه.

باب الحدود

أولاً: عرض عام:

الحدود: هي عقوبات مقدرة شرعًا لا يجوز لأحد تبديلها ولا الزيادة فيها وإنقاصها. والحد أصلاً هو المنع من فعل ما حرم الله تعالى بواسطة الضرب أو القتل، وحدود الله سبحانه وتعالى هي محارمه التي أمر أن تتحامى بحيث لا تقرب من قبل أحد من المسلمين.

ثانيًا: مواطن الإجماع والاتفاق:

واتفقوا على أن: الزنا يوجب الحد، وأن أحواله تختلف باختلاف أحوال الزناة، والزناة ضربان: ثيب، وبكر.

واتفقوا على أن: البكرين الحرين إذا زنيا فإنهما يجلدان كل واحد منهما مائة جلدة.

واتفقوا على أن: العبد والأمة لا يكمل حدهما إذا زنيا، وأن حد كل واحد منهما خمسون جلدة: وأنه لا فرق بين الذكر منهم والأنثى، وأنهما لا يرجمان، وأنه لا يعتبر في وجوب الجلد عليهما أن يكونا تزوجا، بل يجلدان، سواء كانا تزوجا أم لم يتزوجا.

واتفقوا على أن: البينة التي يثبت بها الزنا أن يشهد به أربعة عدول رجال، يصفون حقيقة الزنا.

واتفقوا على أنه: إذا أقر بالزنا، ثم رجع عنه، فإنه يسقط الحد عنه، ويقبل رجوعه، إلا مالكًا فإنه قال: إذا رجع عن الإقرار بشبهة يعذر بها، مثل أن يقول: إني وطئت في نكاح فاسد، أو ظننت أنها جارية مشتركة، أو نحو ذلك، قُبِلَ رجوعه

كمذهب الجماعة. فأما إن رجع عن الإقرار بالزنا بغير شبهة، ففيه روايتان: إحداهما أنه يقبل رجوعه كمذهب الجماعة، والأخرى لا يقبل رجوعه.

وأجمعوا على أن: من كملت فيه شرائط الإحصان فزنا بامرأة مثله في شرائط الإحصان، وهي أن تكون: حرة، بالغة، عاقلة، مزوجة تزويجًا صحيحًا، مدخولاً بها في التزويج الصحيح بالإجماع، وأن تكون مسلمة، على الاختلاف المذكور، فهما زانيان محصنان، عليهما الرجم حتى يموتا.

باب ما يجب في اللواط وغيره

أولاً: عرض عام:

أن حد اللواط هو الرجم حتى يموت بلا تفرقة بين محصن وغير محصن، لقوله ﷺ: **«من وجدتموه يعمل عمل قوم لوط فاقتلوا الفاعل والمفعول به»**[(١)].

ثانياً: مواطن الإجماع والاتفاق:

واتفقوا على أن: اللواط حرام، وأنه من الفواحش.

واتفقوا على أن: البينة على اللواط لا يثبت إلا بأربعة شهود، كالزنا، إلا أبا حنيفة فإنه قال: يثبت بشاهدين.

واتفقوا على أنه: إذا عقد على ذات محرم من النسب أو الرضاع، فإن العقد باطل.

واتفقوا على أنه: إذا لم تكمل شهود الزنا أربعة فإنهم قذفة يحدون، إلا ما روي عن الشافعي [في أحد قوليه] أنهم لا يحدون.

---

(١) رواه أبو داود والترمذي وغيرهما وهو حديث صحيح.

واتفقوا على أنه: إذا شهد نفسان على أنه زنى بها مطاوِعة، وآخر أنه زنى بها مكرهة، فلا حد على واحد منهما.

واتفقوا على أن: الشهادة في الحال تسمع على: القذف، والزنا، وشرب الخمر.

واتفقوا على أنه: لا يجوز للرجل أن يطأ جارية وإن أذنت له.

صورة التعزير

أولاً: عرض عام:

التعزير: هو عقوبة غير محدودة يترك تقديرها للإمام وهو تأديب بالضرب أو الشتم أو النفي أو المقاطعة، وهو واجب في كل معصية لم يضع الشارع لها حداً ولا كفارة كسرقة ما دون النصاب.

ثانياً: مواطن الاتفاق:

واتفقوا على أن: الرجل المرجوم لا يحفر له.

باب السرقة

أولاً: عرض عام:

سبق تعريفها.

ثانياً: مواطن الإجماع والاتفاق:

واتفقوا على: وجوب قطع السارق والسارقة في الجملة إذا جمع أوصافًا منهما: الشيء المسروق الذي لا يقطع في جنسه، ونصاب السرقة، وأن يكون السارق على أوصاف مخصوصة، وأن تكون السرقة على صفة مخصوصة، وأن يكون الموضع

المسروق منه مخصوصًا، وبيان هذا كله يأتي في تفصيل المسائل إن شاء الله تعالى: ﴿ وَالسَّارِقُ وَالسَّارِقَةُ فَاقْطَعُوا أَيْدِيَهُمَا ﴾ الآية (سورة المائدة: ٣٨).

وأجمعوا على أن: الحرز معتبر في وجوب القطع.

واتفقوا على أنه: يسقط القطع عن سارقه.

واتفقوا على أنه: إذا اشترك جماعة في سرقة، ويحصل لكل واحد نصاب، أن على كل واحد منهم القطع.

واتفقوا على أنه: إذا كانت العين المسروقة قائمة فإنه يجب ردها.

واتفقوا على: أنه لا يقطع الوالدون وإن علوا فيما سرقوه من مال أولادهم.

واتفقوا على أن: من كسر صنمًا من ذهب أنه لا ضمان عليه.

وأجمعوا على أنه: إذا عاد فسرق ثانيًا ووجب عليه القطع، أن تقطع رجله اليسرى: وأنها تقطع من مفصل الكعب، ثم تحسم.

وأجمعوا على أنه: من لم يكن له الطرف المستحق قطعه قطع ما بعده، وكذلك إن كان أشل من الطرف المستحق قطعه بحيث لا يقطع فيه: قطع ما بعده إلا أبا حنيفة فإنه قال: تقطع يمينة وإن كانت شلاءَ، وقال الشافعي: إذا سرق ويمينه شلاء، وقال أهل الخبرة: إنها إذا قطعت وحسمت رقأ دمها، فإنها تقطع، وإن قالوا: قطعت لم يرقأ دمها، وأدى إلى التلف لم تقطع، وقطع ما بعدها.

واتفقوا على أن: المختلس، والمنتهب، والغاصب، والخائن – على عظم جناياتهم وآثامهم: فإنهم، لا قطع على واحد منهم.

باب حكم قطاع الطريق

أولاً: عرض عام:

المحاربون: هم نفر من المسلمين يشهرون السلاح في وجوه الناس فيقطعون طريقهم بالسطو على المارة وقتلهم وأخذ أموالهم بما لهم من قوة وشوكة.

ثانياً: مواطن الإجماع والاتفاق:

واتفقوا على أن: من برز وشهر السلاح مخيفاً للسبيل خارج المصر، بحيث لا يدركه الغوث، فإنه محارب، قاطع طريق، جارية عليه أحكام المحاربين.

واتفقوا على أنه: من قتل وأخذ المال منهم وجب إقامة الحد عليه، وأن عفو ولي المقتول أو المأخوذ منه ماله غير مؤثر في إسقاط الحد عنه.

واتفقوا على أن: من تاب منهم قبل القدرة عليه سقطت عنه حقوق الله تعالى، إلا أن أبا إسحاق ذكر [في التنبيه] عن الشافعي: أن في سقوط قطع اليد عن قاطع الطريق قولين، أحدهما: يسقط قطع اليد عنه كغيره مما يسقط عنه، والقول الآخر: لا يسقط قطع اليد خاصة عنه.

واتفقوا على أن: حقوق الآدميين من الأنفس والأموال والجراح يؤخذ بها المحاربون، إلا أن يعفى لهم عنها.

باب حد الشرب

أولاً: عرض عام:

الخمر هي كل مسكر من كل شراب أيًا كان نوعه لقوله ﷺ: «**كل مسكر خمر، وكل خمر حرام**»(١) وقد أقام النبي ﷺ الحد على شارب الخمر بالضرب في فناء المسجد على ما جاء في الصحيحين.

ثانيًا: مواطن الإجماع والاتفاق:

واتفقوا على أن: الخمر حرام، قليلها وكثيرها، وفيها الحد.

وكذلك اتفقوا على: أنها نجسة.

وأجمعوا على أن: من استحلها حكم بكفره.

واتفقوا على أن: عصير العنب إذا اشتد وقذف بزبده فهو خمر.

واتفقوا على أن: كل شرب يسكر كثيره فقليله وكثيره حرام، ويسمى خمرًا، وفيه الحد، سواء كان ذلك من عصير العنب، أو مما عمل من: التمر، والزبيب، والحنطة، والشعير، والذرة، والأرز، والعسل، والجزر، ونحوها، ومطبوخًا كان ذلك أونيئًا، إلا أبا حنيفة، فإنه قال: نقيع التمر والزبيب إذا اشتد كان حرامًا، قليله وكثيره، ولا يسمى خمرًا، بل نقيعًا، وفي شربه الحد إذا أسكر، وهو نجس يحرم ما فوق الدرهم منه الصلاة في الثوب الذي هو فيه، فإن طبخا أدنى طبخ حل من شربها ما يغلب على ظن الشارب منه أنه لا يسكره من غير لهو ولا طرب، وإن اشتد حرم السكر منهما، ولم يعتبر في طبخهما أن يذهب ثلثاهما، فأما نبيذ الحنطة، والذرة، والشعير، والأرز، والعسل، والجزر، فإنه حلال عنده [نقيعًا ومطبوخًا] وإنما يحرم المسكر منه، ويجب به الحد.

---

(١) أخرجه مسلم.

واتفقوا على أن: المطبوخ من عصير العنب إذا ذهب ثلثاه فإنه حلال، إلا ما أسكر منه، فإنه إن كان يسكر حرم قليله وكثيره.

واتفقوا على أن: المطبوخ من عصير العنب إذا ذهب أقل من ثلثه، فإنه حرام.

واتفقوا على أن: حد الشرب يقام بالسوط، إلا ما روي عن الشافعي أنه يقام بالأيدي والنعال وأطراف الثياب.

واتفقوا على أن: من غص باللقمة، وخاف الموت، ولم يجد ما يدفعها به سوى الخمر فإنه يجوز له أن يدفعها به، إلا ما روي عن مالك، فإنه قال [في المشهور عنه] لا يسيغها بالخمر على كل حال.

باب ما يضمن وما لا يضمن

مواطن الإجماع والاتفاق:

لم ينقل فيه الوزير إجماعًا ولا اتفاقًا.

باب الجهاد

أولاً: عرض عام:

الجهاد المحقق لإحدى الحسنيين: السيادة أو الشهادة تلزم له النية الصادقة، وأن يكون وراء إمام مسلم وتحت رايته وبإذنه مع إعداد العدة ورضا الأبوين وطاعة الإمام.

مواطن الإجماع والاتفاق:

واتفقوا على أن: الجهاد فرض على الكفاية، إذا قام به قوم سقط عن باقيهم، ولم يأثموا بتركه.

واتفقوا على أن: من لم يتعين عليه الجهاد، فإنه لا يخرج إلا بإذن أبويه إذا كانا حيين مسلمين، وكذلك إذا كان عليه دَيْن، فليس له أن يسافر إلا بإذن غريمه.

واتفقوا على أنه: يجب على أهل كل ثغر أن يقاتلوا من يليهم من الكفار، فإن عجزوا ساعدهم من يليهم، ويكون ذلك على الأقرب مما يلي ذلك الثغر.

واتفقوا على أنه: إذا التقى الزحفان وجب على المسلمين الحاضرين الثبات، وحرم عليهم الانصراف والفرار، إذ قد تعين عليهم، إلا أن يكون متحرفًا لقتال أو متحيزاً إلى فئة، أو يكون الواحد مع ثلاثة، أو المائة مع ثلثمائة، فإنه أُبيح لهم الفرار. ولهم الثبات، لا سيما مع غلبة ظنهم بالظهور.

واتفقوا: فيما أعلم على وجوب الهجرة من ديار الكفار إن قدر على ذلك.

واتفقوا على أن: النساء منهم: ما لم يقاتلن فإنهن لا يقتلن، إلا أن يكن ذوات رأي فيقتلن.

واتفقوا على أنه: إذا كان الأعمى، والمقعد، والشيخ الفاني، وأهل الصوامع منهم ذا رأي وتدبير وجب قتلهم.

واتفقوا على أنه: إذا تترس المشركون بالمسلمين، جاز لبقية المسلمين الرمي، ويقصدون المشركين.

واتفقوا على أن: ما حصل في أيديهم من الغنيمة من جميع الأموال، عينها، وعروضها سوى الأراضي، فإنه يؤخذ منه الخمس.

واتفقوا على أن: أربعة أخماس الغنيمة يقسم على من شهد الواقعة، إذا كان من أهل القتال.

واتفقوا على أن: الرجل له سهم واحد.

واتفقوا على أنه: إذا كان مع الفارس فرس واحد يسهم له، فإن كان معه فرسان، فقال أبو حنيفة ومالك والشافعي: لا يسهم إلا لفرس واحد، وقال أحمد: يسهم لفرسين، ولا يزاد على ذلك، ووافقه على ذلك أبو يوسف. وهي رواية عن مالك.

واتفقوا على أنهم: إذا قسموا الغنيمة وحازوها، ثم اتصل بهم مدد، لم يكن للمدد في ذلك حصة.

واتفقوا على أن: الغنيمة التي هذه أحكامها هي: كل ما قاتل المسلمون عليه، وأوجفوا عليه بخيل أو ركاب.

واتفقوا على أن: من حضرها - من مملوك أو امرأة أو ذمي أو صبي - رضخ لهم، على ما يراه الإمام، ولا يسهم لهم.

واتفقوا على أن: الإمام لو قسمها في دار الحرب نفذت قسمته.

واتفقوا على أن: للإمام أن يفضل بعض الغانمين على بعض قبل الأخذ والحيازة.

واتفقوا على أن: الإمام مخير في الأسارى بين القتل والاسترقاق.

باب الخراج والجزية

أولاً: عرض عام:

الخراج هو ما يضرب على الأراضي التي احتلها المسلمون عنده من مال ينفق للصالح العام للمسلمين كما فعل عمر رضي الله عنه عندما فتح الشام والعراق ومصر على ما في الصحيح. لكن لو صالح الإمام العدو على خراج معين من أرضهم ثم أسلموا سقط عنهم الخراج لمجرد إسلامهم.

والجزية: ضريبة تؤخذ من أهل الذمة في نهاية العام وهي لا تؤخذ من النساء أو الأطفال أو المعدمين والعاجزين عن الكسب أو كبار السن.

ثانياً: مواطن الإجماع والاتفاق:

واتفقوا على أن: الصبي وإن قاتل لا يكمل له سهم، بل يرضخ له، إلا مالكًا فإنه قال: إذا راهق وأطاق القتال، وأجازه الإمام: كمل له السهم، وإن لم يبلغ.

واتفقوا على أنه: لا يجوز لأحد من الغانمين أن يطأ جارية من السبي قبل القسمة.

وأجمعوا: في هدايا الأمراء، هل يختصون بها أو تكون كبقية مال الفيء فقال مالك [فيما حكاه ابن القاسم]: إذا أهدى إلى أمير الجيش هدية، قبلها وكانت غنيمة، فيها الخمس كسائر الغنائم، وكذلك إن أهدوا إلى قائد من قواد المسلمين؛ لأن ذلك على وجه الخوف، وإن أهدى العدو إلى رجل من المسلمين ليس بقائد ولا أمير فلا بأس أن يأخذها، وتكون له دون أهل العسكر، [وهذا قول الأوزاعي، وقد رواه محمد ابن الحسن عن أبي حنيفة]. وقال أبو يوسف: ما أهدى ملك الروم إلى أمير الجيش في دار الحرب، فهو له خاصة، وكذلك ما يعطى للرسول إليهم، ولم يذكر عن أبي حنيفة خلافًا، وقال الشافعي [في رواية الربيع عنه في كتاب الزكاه]: وإذا أهدى

واحد من القوم للوالي هدية، فإن كانت لشيء نال به منه حقًا أو باطلاً، فحرام على الوالي أخذها؛ لأنه حرام عليه أن يستجعل على أخذ الحق، وقد ألزمه الله ذلك لهم، وحرام عليه أن يأخذ لهم باطلاً، والجعل عليه حرام، فإن أهدى إليه من غير هذين المعنيين أحد من أهل ولايته، تفضلاً وتشكرًا فلا يقبلها، وإن قبلها كانت منه في الصدقات [لا يسعه عندي غيره] إلا أن يكافئه عليها بقدر ما يسعه أن يتجر بها، وإن كانت من رجل لا سلطان له، وليس بالبلد الذي هو به سلطان، شكرًا على حسن كان منه، فأحب أن يقبلها ويجعلها لأهل الولاية، أو يدع قبولها ولا يأخذ على الخير مكافأة، فإن أخذها فتموّلها لم تحرم عليه [عندي] وعن أحمد روايتان: إحداهما لا يختص بها من أُهديت إليه، بل هي غنيمة فيها الخمس كسائر الغنائم، والأخرى يختص بها الإمام.

واتفقوا على أن: الغالّ من الغنيمة قبل حيازتها إن كان له فيها حق، فإنه لا يقطع.

واتفقوا على أن: الجزية تضرب على أهل الكتاب وهم: اليهود والنصارى.

واتفقوا على أن: الجزية لا تضرب على نساء أهل الكتاب ولا على صبيانهم حتى يبلغوا ولا على عبيدهم، ولا على مجنون، ولا على ضرير، ولا على شيخ فان، ولا على أهل الصوامع، إلا أنهم اختلفوا في هذه الجملة في نساء بني تغلب وصبيانهم خاصة، هل يؤخذ منهم ما يؤخذ من رجالهم، فقال أبو حنيفة: يؤخذ من نسائهم خاصة دون صبيانهم، وقال مالك والشافعي: لا يؤخذ من نسائهم ولا من صبيانهم، وهم كغيرهم في ذلك، وقال أحمد: يؤخذ من نسائهم وصبيانهم جميعًا كما يؤخذ من رجالهم.

باب عقد الذمة

أولاً: عموميات:

عقد الذمة: هو عقد بمقتضاه يتم تأمين من أجاب المسلمين إلى دفع الجزية من الكفار وتعهد للمسلمين بالتزام أحكام الشريعة الإسلامية في الحدود كالقتل والسرقة والعرض.

ثانياً: مواطن الاتفاق والاختلاف:

واتفقوا على أنه: إذا عوهد المشركون عهداً وفي لهم به، إلا أبا حنيفة، فإنه شرط في ذلك بقاء المصلحة، فمتى اقتضت المصلحة الفسخ نبذ إليهم العهد وفسخ.

واتفقوا: فيما أعلم على أنه: لا يجوز نقضه إلا بعد نبذه.

واختلفوا: في مدة العهد. فقال أبو حنيفة وأحمد: يجوز ذلك على الإطلاق، إلا أن أبا حنيفة قال: متى وجد للإمام قوة نبذ إليهم عهدهم وفسخ، وقال مالك والشافعي، لا يجوز أكثر من عشر سنين.

واتفقوا: في المرأة من المشركين إذا خرجت إلى بلاد الإسلام في مدة العهد بين الإمام وبين أهل الحرب، وقد كان الإمام شرط لهم أن من جاء منهم مسلماً رددناه: على أنها لا ترد.

فصل فيما ينتقض به العهد

واتفقوا: على أنه يمنع الكافر من دخول الحرم، إلا أبا حنيفة، فإنه قال: يجوز له دخوله، وأن يقيم فيه مقام المسافر، ولا يستوطنه، ويجوز [عنده] دخول الواحد منهم الكعبة أيضاً.

واتفقوا على أنه: لا يجوز إحداث كنيسة ولا بيعه في المدن والأمصار، في بلاد الإسلام.

باب الصيد

مواطن الإجماع والاتفاق:

واتفقواعلى أن: الله سبحانه وتعالى أباح الصيد، وكذلك اتفقوا على أن: قوله سبحانه: ﴿وَإِذَا حَلَلْتُمْ فَاصْطَادُوا﴾[1] أمر إباحة لا أمر وجوب.

واتفقوا على أن: الله سبحانه وتعالى حرم صيد الحرم، ومنع منه.

واتفقوا على أن: المحرم لا يباح له أن يصيد.

واتفقوا على أن: لا يحل للمحرم أن يأكل مما صيدَ لأجله، إلا أبا حنيفة فإنه قال: ما صيد لأجله بغير أمره، وهو من غير صيد الحرم، فيجوز له أكله، وإن صيد لأجله بأمره، ففيه روايتان.

واتفقوا على أنه: يجوز الاصطياد بالجوارح المعلمة إلا سُود البهيم من الكلاب. فإنهم اختلفوا في جواز الاصطياد به، فأجاز الاصطياد به أبو حنيفة ومالك والشافعي، وأباحوا أكل ما قتل. ومنع من ذلك أحمد [وحده]، فقال: لا يجوز الاصطياد به، ولا يباح أكل ما قتل اتباعاً للحديث، وهومذهب إبراهيم النخعي، وقتادة بن دعامة.

---

(١) المائدة: من الآية ٢.

واتفقوا على أن: من شرط تعليم سباع البهائم أن يكون إذا أرسله استرسل، وإذا زجره انزجر.

واتفقوا على أن: سائر الجوارح سوى الكلب لا يعتبر في حد تعليمه ترك الأكل مما صاده، وإنما تعليمه ترك الأكل، هو: أن يرجع إلى صاحبه إذا دعاه.

واتفقوا على أن: من قصد صيداً بعينه فرماه بسهمه فأصابه فإنه يباح.

وأجمعوا على أنه: إن وجد في ماء أو قد تردى من جبل فإنه لا يحل أكله، لجواز أن يكون الماء أو الجبل هما اللذان قتلاه.

واتفقوا على أن: الذكاة بالسن والظفر المتصلتين لا يجوز.

واتفقوا على أن: ذكاة المجنون وصيده لا يستباح أكله.

واتفقوا على أن: ما لا يحتاج من الأطعمة إلى ذكاة كالنبات وغيره من الجامدات والمائعات، فإنه يحل أكله، ما لم يكن نجسًا بنفسه، أو مخالطًا لنجس، أو ضاراً فأما الحيوان فهو على ضربين: بري وبحري.

فأما البري، فإنهم أجمعوا على أن: ما أبيح أكله منه لا يستباح إلا بالذكاة، وأنها مختلفة باختلاف أنواعه، ما بين نحر، وذبح، وعقر، على ما سيأتي بيانه فيما بعد، وقد مضى منه ما بُيِّنَ. وأما البحري، فما أُبيح منه، كالسمك، فلا يحتاج إلى ذكاة. وأما غيره فسيأتي ذكر خلافهم فيه إن شاء الله تعالى.

وأجمعوا على أن: الذبائح المعتد بها: ذبيحة المسلم العاقل، والمسلمة العاقلة، القاصدين للتذكية، اللذين يتأتى منهما الذبح.

وكذلك أجمعوا على أن: ذبائح أهل الكتاب العقلاء مباحة معتد بها. وذبائح الكفار من غير أهل الكتاب غير مباحة.

وأجمعوا على أن: الذكاة تصح بكل ما ينهر الدم ويحصل به القطع، جرحًا بالمحدد من: السيف، والسكين، الرمح، والحربة، والزجاج، والحجر، والقصب، الذي له حد يصنع كما يصنع السلاح المحدد.

واتفقوا على أن: لا يصح تذكية الحيوان الحي غير الميؤوس من بقائه، فإن كان الحيوان قد أصابه ما يوئس معه من بقائه، مثل أن يكون موقوذاً أو منخنقًا، أو مترديًا، أو منطوحًا، أو مأكولا لسبع، فإنهم اختلفوا في استباحته بالذكاة، فقال أبو حنيفة: متى أدركت ذكاتها قبل أن تموت: حلت، وقال مالك (في إحدى الروايتين عنه) وأحمد [في أظهر الروايتين]: متى علم بمستمر العادة أنه لا يعيش حرم أكله، ولا يصح تذكيته وفي الرواية الثانية [عن مالك] أن الذكاة تبيح منه ما وجد فيه حياة مستقرة، وينافي الحياة [عنده] أن يندق عنقه أو يسيل دماغه، أو تخرج حشوته العليا، أو تفرى أوداجه، أو ينبت نخاعه، وقال الشافعي: متى كانت فيه حياة مستقرة حتى أكله مع التذكية.

وإتفقوا على: إباحة أكل السمك.

وإتفقوا: على إباحة الجراد إذا صاده مسلم.

واتفقوا على أن: السنة نحر الإبل وذبح ما عداها، فإن ذبح ما ينحر، أو نحر ما يذبح، فقال أبو حنيفة والشافعي وأحمد: يباح، إلا أن أبا حنيفة كرهه مع الإباحة، وقال مالك: إن نحر شاة أو ذبح بعيراً من غير ضرورة لم يؤكل لحمها، وقد حمله بعض أصحابه على الكراهة [وهو عبد العزيز بن أبي سلمة الماجشون].

واتفقوا على أن: الجنين يذكى بذكاة أمه، فإذا نحر بعيراً أو ذبح شاة، أو بقرة فوجد في جوفها جنيناً ميتاً تام الخلق، فإنه يكون ذكيًا بذكاة أمه، إلا أبا حنيفة فإنه

قال: لا يذكى بذكاة أمه. فإن خرج الجنين، ولم ينبت شعره ويتم خلقه فقال أبوحنيفة ومالك: لا يجوز أكله، وقال الشافعي وأحمد: يجوز أكله.

واتفقوا: على أنه إذا خرج حيًّا يعيش مثله لم يبح إلا بذبح.

واتفقوا على أن: كل ذي مخلب من الطير إذا كان قويًا يعدو به على غيره كالبازي، والصقر، والعقاب، والباشق، والشاهين، وكل ما لا مخلب له من الطير إلا أنه يأكل الجيف كالنسر، والرخم، والغراب الأبقع، والغراب الأسود الكبير حرام، إلا مالكًا فإنه أباح ذلك كله على الإطلاق.

واتفقوا: على أن حشرات الأرض محرمة، إلامالكًا فإنه كرهها من غير تحريم [في إحدى الروايتين] وفي الأخرى قال: هي حرام.

واتفقوا على أن: البغال والحمير الأهلية حرام أكلها، إلا مالكًا فإنه اختلف عنه وروى عنه أنها مكروهة، إلا أنها مغلظة الكراهية جداً، فوق كراهية كل ذي ناب من السباع، وقيل عنه: إنها محرمة بالسنة دون تحريم الخنزير.

واتفقوا على أن: الأرنب مباح أكله.

واتفقوا على أن: للمضطر أن يأكل من الميتة بمقدار ما يمسك رمقه إذا لم تكن الميتة لحم بني آدم.

واتفقوا على أن: هذه الشحوم إذا تولى الذكاة لذبحها المسلمون، فإنها غير محرمة عليهم ولا مكروهة لهم.

باب السبق والرمي

أولاً: تمهيد عام:

السبق والرمي من الفروسية والرياضة، والأصل في مشروعيتها قوله تعالى: ﴿ **وَأَعِدُّوا لَهُم مَّا اسْتَطَعْتُم مِّن قُوَّةٍ** ﴾ وقوله ﷺ: «**المؤمن القوي خير وأحب إلى الله من المؤمن الضعيف**».

ثانيًا: مواطن الإجماع والاتفاق:

واتفقوا على أن: السبق والرمي مشروعان، ويجوزان على العوض.

واتفقوا على أن: السبق بالنصل والخف والحافر جائز.

واتفقوا على أن: اللعب بالنرد حرام، وأنه ترد به الشهادة.

واتفقوا على أن: اللعب بالشطرنج حرام، إلا ما يروى عن الشافعي في إباحته فإنه بلغني عنه أنه قال: إذا منعوا صلاتهم من النسيان، وأموالهم من النقصان، وألسنتهم من الهذيان،ورجوت أن يكون مداعبة بين الإخوان، وأما الشيخ أبو إسحاق الشيرازي فقد ذكره في كتابه، فقال: ويكره اللعب في الشطرنج؛ لأنه لعب لا ينتفع به في أمر الدين، ولا حاجة تدعو إليه، فكان تركه أولى، ولا يحرم؛ لأنه روي اللعب به عن ابن عباس، وابن الزبير، وأبي هريرة، وسعيد بن المسيب، وذكر كلامًا طويلاً، إلى أن قال: ومن لم يكثر منه لم ترد شهادته، فإن أكثر منه ردت شهادته؛ لأنه من الصغائر، ففرق بين قليلها وكثيرها، وإن ترك فيه المروءة بأن يلعب به على الطريق، أو يتكلم في لعبة بما يستخف من الكلام، ردت شهادته لترك المروءة.

قال الوزير: وما ذكره الشيخ أبو إسحاق عن إباحته من المذكورين رضي الله عنهم، فليس هو مما في كتابنا هذا «الصحيح» والله أعلم.

باب الأيمان

مواطن الإجماع والاتفاق:

واتفقوا على أن: من حلف على يمين لزمه الوفاء بذلك إذا كان طاعة. واتفقوا على أنه: لا يجوز أن يجعل اسم الله تعالى عرضة للأيمان: يمنع من بر وصلة، وإن كان قد حلف فالأولى له أن يحلف إذا حلف على ترك البر ويكفر ويرجع في الأيمان إلى النية، فإن لم يكن منه نظر إلى سبب اليمين وما هاجها.

واتفقوا: على أن اليمين بالله تعالى منعقدة وبجميع أسمائه الحسنى، كالرحمن والرحيم، والحي، وغيرها وبجميع صفات ذاته سبحانه كعزة الله سبحانه وجلاله، إلا أبا حنيفة، استثنى علم الله، فلم يره يميناً وسيأتي ذلك فيما بعد.

وأجمعوا على أن: اليمين المنعقدة هو أن يحلف على أمر - من المستقبل - أن يفعله أو لا يفعله، فإذا حنث وجبت عليه الكفارة.

واتفقوا على أن: الكفارة تجب عن الحنث في اليمين، على أي وجه كان، من كونه طاعة أو معصية، أو مباحاً.

وأجمعوا: أعني ثلاثتهم أنه لا إثم عليه فيها ولا كفارة، وعن مالك أن لغو اليمين هو أن يقول: «لا والله، وبلى والله» على وجه المحاورة من غير قصد إلى عقدها، وقال الشافعي: لغو اليمين ما لم يعقده، فإن عقده فليس بلغو، وإنما يتصور اللغو عنده في مثل قول الرجل: «لا والله، وبلى والله» عند المحاورة والغضب واللجاج، من غير قصد، سواء كان على الماضي أو المستقبل [وهي الرواية الثانية عن أحمد] ففائدة الخلاف بين أبي حنيفة ومالك والشافعي وأحمد [على روايته الأولى] أنه إذا جرى على لسانه يمين على فعل مستقبل فإنها تنعقد على مذهب أبي حنيفة ومالك وأحمد [في إحدى روايتيه] وإن حنث فيها وجبت الكفارة، وعلى المذهب الآخر: لا تنعقد.

واتفقوا على أنه: إذا حلف لا كلمت فلانًا حينًا، ونوى به شيئًا معينًا، أنه على ما نواه.

واتفقوا على أنه: إذا قال لزوجته: إن خرجت بغير إذني فأنت طالق، ونوى شيئًا معينًا فإنه على ما نواه، فإن حلف بذلك ولم ينو شيئًا أو قال أنت طالق إلا أن آذن لك، أو حتى آذن لك، فقال أبو حنيفة: إن قال لها: إن خرجت بغير إذن فأنت طالق، فالإذن في كل مرة لابد منه، وإن قال: إلا أن آذن لك، أو حتى آذن لك، أو إلى أن آذن لك، كفى مرة واحدة، وقال مالك والشافعي: الخروج الأول يحتاج إلى إذن، وسواء قال: بغير إذني، أو إلا أن آذن لك، أو حتى آذن لك، ولا يفتقر إلى إذن بعده لكل مرة، هذا نصهما وقال أحمد: يحتاج كل مرة إلى إذن، وسواء قال: حتى آذن لك، أو: إلى أن آذن لك.

واتفقوا على أنه: إذا حلف لا يأكل رطبًا فأكل مذنبًا أنه يحنث.

باب كفارة الأيمان

أولاً : عرض عام:

اليمين إما غموس يتعمد فيها المرء الكذب، وهذه لا تجوز فيها الكفارة، وإما لغو وهذا لا إثم فيها ولا كفارة، وهناك أيضًا اليمين المنعقدة كقوله: والله لأفعلن كذا.. وفيها يؤاخذ الحالف، ومن حنث فيها أثم ووجبت عليه الكفارة، فإن فعلها سقط عنه الإثم.

ثانيًا: مواطن الإجماع والاتفاق:

واتفقوا على أن: الكفارة: إطعام عشرة مساكين، أو كسوتهم أو تحرير رقبة، والحالف مخير في أي ذلك شاء، فإن لم يجد شيئًا من ذلك انتقل حينئذ إلى صيام ثلاثة أيام.

وأجمعوا على أنه: لو أطعم مسكينًا واحداً عشرة أيام، فإنه لا يحسب له إلا بإطعام واحد، إلا أبا حنيفة فإنه قال: يجزيه عن عشرة مساكين.

وأجمعوا على أنه: إنما يجوز دفعها إلى الفقراء المسلمين الأحرار، وإلى الصغير المتغذى بالطعام وتدفع إلى وليه، فأما الصغير الذي لم يطعم الطعام، فقال أبو حنيفة ومالك والشافعي: يصح أيضًا أن يدفع إلى وليه، وقال أحمد: لا يصح ذلك.

واتفقوا على أنه: لا يجوز دفعها إلى ذمّي: إلا أبا حنيفة، فإنه قال: يجوز أن تدفع إلى فقرائهم.

واتفقوا على أنه: لايجزئ إخراج القيمة فيها عن الإطعام والكسوة، إلا أبا حنيفة فإنه أجازه.

باب النذر

أولاً: عرض عام:

النذر: هو إلزام المسلم نفسه طاعة لله تعالى لم تكن تلزمه بدون هذا النذر، كأن يقول: لله علي صيام يوم مثلاً، ويكره النذر المقيد كقوله القائل: إن شفا الله مريضي صمت كذا، لقول ابن عمر رضي الله عنه: «**نهى رسول الله ﷺ عن النذر وقال: إنه لا يرد شيئاً وإنما يستخرج به من مال البخيل**»[1].

ثانياً: مواطن الإجماع والاتفاق:

واتفقوا: على أن النذر ينعقد بنذر الناذر إذا كان في طاعة الله، فأما إذا نذر أن يعصي فاتفقوا على أنه لا يجوز أن يعصي الله تعالى.

واتفقوا على أنه: إذا كان النذر مشروطاً بشيء فإنه يجب بحصول ذلك الشيء.

---

(١) متفق عليه.

باب القضاء

أولاً: مقدمة عامة:

القضاء من فروض الكفاية وعلى الإمام أن يعين في كل بلد قاضيًا ينوب عنه في تبيين الأحكام الشرعية وإلزام الناس بها لقوله ﷺ: «**لا يحل لثلاثة يكونون في فلاة إلا أمروا عليهم واحداً**»(١).

ثانيًا: مواطن الإجماع والاتفاق:

واتفقوا على أنه: لا يجوز أن يولى القضاء من ليس من أهل الاجتهاد، إلا أبا حنيفة فإنه قال: يجوز ذلك.

قال الوزير: والصحيح في هذه المسألة أن قول من قال: لا يجوز تولية قاض حتى يكون من أهل الاجتهاد، فإنه إنما عنى به ما كانت الحال عليه قبل استقرار ما استقر من هذه المذاهب، التي اجتمعت الأمة على أن كلا منها يجوز العمل به؛ لأنه مستند إلى رسول الله ﷺ وإلى سنّته، فالقاضي في هذا الوقت وإن لم يكن من أهل الاجتهاد وإن لم يكن قد سعى في طلب الأحاديث وانتقاد طرقها، وعرف من لغة الناطق بالشريعة ﷺ ما لا يعوزه معه معرفة ما يحتاج إليه فيه وغير ذلك من شروط الاجتهاد، فإن ذلك مما قد فرغ له منه غيره، ودأب له فيه سواه، وانتهى الأمر من هؤلاء الأئمة المجتهدين إلى ما أراحوا فيه من بعدهم، وانحصر الحق في أقوالهم، ودونت العلوم، وانتهت إلى ما اتضح فيه الحق، فإذا عمل القاضي في أقضيته بما يأخذه عنهم أو عن الواحد منهم فإنه في معنى من كان أداه اجتهاد إلى قول قال، وعلى ذلك فإنه إذا خرج

---

(١) أخرجه الإمام أحمد وله متابعات وشواهد تقضي بصحته.

من خلافهم متوخياً مواطن الاتفاق ما أمكنه كان آخذاً بالحزم عاملاً بالأولى، وكذلك إذا قصد في مواطن الخلاف توخى ما عليه الأكثر منهم، والعمل بما قاله الجمهور دون الواحد، فإنه قد أخذ بالجزم، والأحسن، والأولى مع جواز أن يعمل بقول الواحد، إلا أنني أكره أن يكون من حيث أنه قد قرأ مذهب واحد منهم، أو نشأ في بلد لم يعرف فيها إلا مذهب إمام واحد منهم أوكان شيخه ومعلمه على مذهب فقيه من الفقهاء خاصة، فقصر نفسه على اتباع ذلك المذهب، حتى إذاحضر عنده خصمان، وكان ما تشاجرا فيه مما يفتي الفقهاء الثلاثة بحكم، نحو الوكيل بغير رضى الخصم، وكان الحاكم حنفيًا، وقد علم أن مالكًا والشافعي وأحمد اتفقوا على جواز هذا التوكيل، فإن أبا حنيفة لم يجز هذه الوكالة فعدل عما أجمع عليه الثلاثة إلى ما ذهب إليه أبو حنيفة بمجرد أنه قال فقيه هو في الجملة من فقهاء الأتباع له. من غير أن يثبت عنده بالدليل، ولا أداه الاجتهاد إلى ما قاله أبو حنيفة: أو إلى ما اتفق عليه الجماعة، فإني أخاف على هذا أن يكون متبوعًا من الله سبحانه وتعالى، بأنه قد اتبع في ذلك هواه، وأنه لا يكون ممن يستمعون القول فيتبعون أحسنه.

وكذلك إن كان القاضي على مذهب الشافعي، فتنازع إليه خصمان في متروك التسمية عمداً، فقال أحدهما: إن هذا منعني من بيع شاة مذكاة وأفسدها علي، وقال الآخر: أنا منعته من بيع الميتة، فقضى عليه بمذهبه، وقد علم أن الفقهاء الثلاثة على خلافه.

وكذلك لو كان القاضي على مذهب أحمد، فاختصم إليه نفسان فقال أحدهما: لي عليه مال، فقال الآخر: كان له علي وقضيته، فقضى عليه بالبراءة في إقراره، وقد علم أن الفقهاء الثلاثة على خلافه، فإن هذا وأمثاله مما توخى اتباع الأكثرين فيه أقرب [عندي] إلى الإخلاص، وأرجح في العمل.

وبمقتضى هذا: فإن ولايات الحكام في وقتنا هذا، ولايات صحيحة وأنهم قد سدوا من ثغور الإسلام ثغراً سدة فرض كفاية.

ولقد أهملنا هذا القول ولم نذكره، ومشينا على طريق التغافل التي يمشي فيها من يمشي فيها من الفقهاء، الذين يذكر كل منهم في كتاب إن صنفه، أو كلام إن قاله: إنه لا يصح أن يكون أحد قاضيًا حتى يكون من أهل الاجتهاد، ثم يذكر في شروط الاجتهاد أشياء ليست موجودة في الحكام، فإن هذا كالإحالة والتناقض، وكأنه تعطيل للأحكام، وسد لباب الحكم، وأن لا ينفذ حق، ولا يكاتب به، ولا تقام بيّنة: إلى غير ذلك من هذه القواعد الشرعية، وكان هذا غير صحيح، وبان أن الصحيح أن الحكام اليوم حكوماتهم صحيحة نافذة، وولايتهم جائزة شرعًا.

واتفقوا على أن: كتاب القاضي إلى القاضي من مصر إلى مصر في الحدود، والقصاص والنكاح، والطلاق،والخلع غير مقبول، إلا مالكًا فإنه يقبل عنده كتاب القاضي إلى القاضي في ذلك كله.

واتفقوا على أن: كتاب القاضي إلى القاضي من مصر إلى مصر في الحقوق التي هي المال، أو ما كان المقصود منه المال: جائز مقبول.

باب المقاسمة في العقار

مواطن الإجماع والاتفاق:

واتفقوا على: جواز المقاسمة فيما يقبلها.

باب الدعاوى

أولاً: عرض عام:

روى أبو داود أن عبدالله بن الزبير قال: **قضى رسول الله ﷺ أن الخصمين يقعدان بين يدي الحاكم.**

ويبدأ المدّعي دعواه ويقدم بيّنته أ ويمنح أجلاً لذلك، فإن لم يقدم البيّنة قال للمدعى عليه: يمينك فإن حلف خلى سبيله وإن نكل أعذر إليه فإن نكل قضى عليه.

ثانياً: مواطن الإجماع والاتفاق:

واتفقوا على أنه: إذا طلب الحاضر إحضار خصم له من بلد آخر فيه حاكم إلى البلد الذي فيه الخصم الآخر الطالب، فإنه لا يجاب سؤاله، فإن ذلك البلد لا حاكم فيه؟ فقال أبو حنيفة: لا يلزمه الحضور، إلا أن يكون من مسافة يرجع منها في يومه، وقال الشافعي وأحمد: يحضره الحاكم، سواء بعدت المسافة بينهما أو قربت.

واتفقوا على أن: الحاكم يسمع دعوى الحاضر وبينته على الغائب.

ثم اختلفوا: هل يحكم بها على الغائب؟ فقال أبو حنيفة: لا يحكم له بما عليه ولا على من هرب قبل الحكم وبعد إقامة البينة، ولا يحكم على الغائب.

واتفقوا على أنه: إذا ثبت الحق للمدعي على خصم حاضر معه عند الحاكم بشاهدين عرف عدالتهما، فإنه يحكم به، ولا يحلف المدعي مع شاهديه.

واتفقوا على أنه: إذا حكم الحاكم باجتهاده، ثم بان له اجتهاد يخالفه، فإنه لا ينقض الأول، وكذلك إذا رفع إليه حكم غيره فلم يره، فإنه لا ينقضه.

باب الشهادات

أولاً: عرض عام:

الشهادة: هي أن يخبر المرء صادقًا بما رأى أو بما سمع، وتحمل الشهادة كأدائها فرض كفاية، لقول تعالى: ﴿**وَاسْتَشْهِدُوا شَهِيدَيْنِ مِن رِّجَالِكُمْ فَإِن لَّمْ يَكُونَا رَجُلَيْنِ فَرَجُلٌ وَامْرَأَتَانِ**﴾[(١)] وقوله سبحانه: ﴿**وَلَا تَكْتُمُوا الشَّهَادَةَ وَمَن يَكْتُمْهَا فَإِنَّهُ آثِمٌ قَلْبُهُ**﴾[(٢)] وقوله ﷺ: «**ألا أخبركم بخير الشهداء، الذي يأتي بالشهادة قبل أن يسألها**»[(٣)].

ثانيًا: مواطن الإجماع والاتفاق:

واتفقوا على أن: ليس للقاضي أن يلقن الشهود، بل يسمع ما يقولون.

واتفقوا على أن: الإشهاد يستحب، وليس بواجب.

واتفقوا على أن: النساء لا تقبل شهادتهن في الحدود والقصاص.

واتفقوا على أنه: تقبل شهادتهن فيما لا يطلع عليه الرجال، كالولادة، والرضاع والبكارة، وعيوب النساء، ولا يخفى على الرجال غالبًا.

واتفقوا على أن: شهادة العبيد لا تصح على الإطلاق، إلا أحمد فإنه صححها فيما عدا الحدود والقصاص (على المشهور من مذهبه).

واتفقوا على أنه: لا يصح الحكم بالشاهد واليمين، فيما عدا الأموال وحقوقها.

واتفقوا على أنه: لا يجوز شهادة شهود الفرع مع وجود شهود الأصل، إلا أن يكون ثم عذر يمنع شهود الأصل، من: مرض، أو غيبة تقصر في مسافتها الصلاة،

---

(١) البقرة: من الآية ٢٨٢.

(٢) البقرة: من الآية ٢٨٣.

(٣) أخرجه مسلم.

وعن أحمد [رواية أخرى] لا تقبل شهود الفرع إلا بعد موت شهود الأصل.

واتفقوا على أنه: إذا رجع الشهود عن المشهود به قبل الحكم فإنه لا يحكم بشهادتهم.

واتفقوا على أن: البينة على من ادعى واليمين على من أنكر.

واتفقوا على أنه: لا يحلف المدعى عليه إذا قال المدعي: لي بيّنة حاضرة.

واتفقوا على أنه: إذا قال الشاهد: إن مات فلان. وهذا ابنه لا نعلم له وارثًا غيره، وكذلك إذا قالا: لا نعلم له في هذه البلدة وارثًا غيره - أنه يرثه.

باب العتق

مواطن الإجماع والاتفاق:

واتفقوا على أن العتق من القرب المندوب إليها.

باب التدبير

لم ينقل الوزير ابن هبيرة فيه إجماعًا ولا اتفاقًا.

باب الكتابة

مواطن الإجماع والاتفاق:

واتفقوا على أن: كتابة العبد الذي له كسب مستحبة مندوب إليها، وقد بلغ أحمد بها [في رواية عنه] إلى وجوبها، إذا دعا العبد سيده إليها على قدر قيمته أو أكثر.

وصفة الكتابة: أن يكاتب المولى عبده على مال معين، يسعى فيه العبد ويؤديه إليه.

واتفقوا على أنه: إذا قال: كاتبتك على ألف درهم أو نحوها، فإنه متى أداها عتق؛ ولم يفتقر إلى أن يقول، فإذا أديت إليّ فأنت حر، أو ينوي العتق، إلا الشافعي، فإنه قال: لابد من ذلك.

باب حكم أمهات الأولاد

مواطن الإجماع والاتفاق:

اتفقوا على أنه: لا تباع أمهات الأولاد.

* * *

تم بحمد الله تعالى، وآخر دعوانا أن الحمد لله رب العالمين وأرجو بهذا الجهد المتواضع أن أكون قد وفقت في إضافة كتاب جديد في الإجماع والاتفاق بين أهل العلم إلى المكتبة الإسلامية، وأن يكون ما أضفته فيه سببًا لكل خير للإسلام والمسلمين، وليسامحني الله سبحانه وتعالى عما عساني أن أكون قد ترديت فيه من خطأ، وأدعو بالتوفيق لمن يبدأ المرحلة التالية وهي إضافة ما أجمع عليه علماء الإسلام إلى هوامش هذا الكتاب كمقارنة شاملة أو تكملة لازمة والله المستعان.

الفقير إلى عفو ربه

محمد شتا أبو سعد

تم بحمد الله ،،،

الفهرس

الموضوع	الصفحة

الموضوع	الصفحة

الموضـــــــــوع	الصفحة

الموضوع	الصفحة

الموضوع	الصفحة

الموضوع	الصفحة

ان المعنى من يرد الله به خيرا يفقهه في الدين واقتضى هذا ان من
لم يفقهه في الدين لم يكن ممن يرد الله به خيرا ولم يقل من يرد الله
به الخير بالالف واللام فكان يكون الخير المعهود المعرف بالالف
واللام فدل على ان هذا التنكير للخير هاهنا وقع لانه من لم يفقهه
في الدين فانه لا يريد به خيرا واما يفقهه فهذه الهاء مبدلة من
الهمزة ومعنى فقه الرجل اي غاص على استخراج معنى القول من قولهم
فقأت عينه اذا اخسفتها اي جعلت باطنها ظاهرها فمعنى ان الفقه
على هذا التاويل انه استخراج الغوامض والاطلاع على اسرار الكلم
وفي هذا الحديث من الفقه ان الله سبحانه وتعالى قال ان الدين عند الله
الاسلام ويكون المراد بالدين هاهنا الاسلام بدليل قوله صلى الله
عليه وسلم من يرد الله به خيرا يفقهه في الدين بالالف واللام ثم
انه صلى الله عليه وسلم جاء بالهدى والنور ومن ذلك ما شرع
الله على لسانه من التحليل والتحريم والوصايا والاداب وسير
الاولين والاخرين وما قص من احسن القصص فانه كان صلى الله
عليه وسلم من الجانب الغربي اذ قضى الله الى موسى الامر قال
الله عز وجل وما كنت بجانب الغربي اذ قضينا الى موسى الامر ولما
انقلبت العصا حية وولى موسى عليه السلام هاربا وقوله وما

بسم الله الرحمن الرحيم وبه ثقتي

الحمد لله الذي رفع العلماء الى اشرف المناصب واعلا واسما
وفتح عليهم بمعرفة الخلاف عن الائمة الاربعة وتحرير كل مذهب
فضلا منه وحلما ونشر في الخافقين اعلامهم واجرى بالاحكام
اقلامهم برقم الطروس رقما فنعمان النعمة ما خصهم علما
وفهما وفضلها مالكهم بموطا الحديث المرسم فيه الاحكام رسما
وشافعيهم بلهم ودثر لهم من العلم نصيبا وقسما واحمدهم
لسندهم مسندا اليه فلا يخشون لديهم هما احمده حمدا
لانه لابد من الاخلا من خطا وفهما واشهد ان لا اله الا الله
وحده لا شريك له شهادة امحوا بها ذنبا واثما واشهد ان
سيدنا ونبينا محمدا عبده ورسوله الذي اذهب بشريعته عن
القلوب غما ومنحهم بها نعما جما وبعد فان علم الفقه هو
افضل علوم الدين واعلا منزلة اهل المعرفة واليقين لما جاء
فيه عن سيد المرسلين من يرد الله به خيرا يفقهه في الدين
اما قوله من يرد الله به خيرا فان هذا شرط وجوابه يفقهه
وهما مجزومان وقد انجزم الفعلان بذلك وكان الاصل يريد
وكذلك كان يفقهه مرفوعا فانجزم لجواب الشرط فحصل بذلك

١- طبعة الحلبية الاحمدية الخطا عدم طبع الغلاف والصفحة الاولى من المخطوطة . لذا
الحقنا بهذه الصفحة من مخطوطة اختلاف الائمة الاربعة .

AF471366